Schriftenreihe des Behinderten-Sportverbandes NW
Behinderte machen Sport
Band 13

Holger Boecker (Hrsg.)
Klettern und Bergwandern

Didaktisch-methodische Grundlegung für das
Sportklettern und Bergwandern
mit geistig behinderten Kindern und Jugendlichen

Schriftenreihe des Behinderten-Sportverbandes NW
Behinderte machen Sport
Band 13

Holger Boecker (Hrsg.)

Klettern und Bergwandern

Didadaktisch-methodische Grundlegung für das
Sportklettern und Bergwandern
mit geistig behinderten Kindern und Jugendlichen

Mit Beiträgen von:

Holger Boecker
Carsten Brück
Kati Kordas
Claudia Lücking
Franz Luthe

Meyer & Meyer Verlag

Klettern und Bergwandern

Bibliografische Information Der Deutschen Bibliothek
Die Deutsche Bibliothek verzeichnet diese Publikation in der Deutschen
Nationalbibliografie; detaillierte bibliografische Daten sind im Internet über
http://dnb.ddb.de abrufbar.

Alle Rechte, insbesondere das Recht der Vervielfältigung und Verbreitung sowie
das Recht der Übersetzung, vorbehalten. Kein Teil des Werkes darf in irgendeiner
Form – durch Fotokopie, Mikrofilm oder ein anderes Verfahren – ohne schriftliche
Genehmigung des Verlages reproduziert oder unter Verwendung elektronischer
Systeme verarbeitet, gespeichert, vervielfältigt oder verbreitet werden.

© 2004 by Meyer & Meyer Verlag, Aachen
Adelaide, Auckland, Budapest, Graz, Johannesburg, Miami,
Olten (CH), Oxford, Singapore, Toronto
Member of the World
Sportpublishers' Association (WSPA)
Schriftleitung: Pro. Dr. Volker Scheid
Fotos: Franz Luthe (Kapitel 4)
Holger Boecker
Druck:
FINIDR s. r. o., Český Těšín
ISBN 3-89124-991-8
E-Mail: verlag@m-m-sports.com

Inhaltsverzeichnis

	Vorwort	8
1	Einleitung	9
2	**Klettern und Bergwandern (Brück, Cordas, Boecker)**	**11**
2.1	Von der Geburtsstunde des Bergsteigens bis zur modernen Kletterei	11
2.2	Von der Definition zur Technik	13
2.2.1	Der Kletter-/Bergsport und seine Disziplinen	14
2.2.2	Zur Technik des Sportkletterns	16
2.2.2.1	Die allgemein gültigen Kletterprinzipien	17
2.2.2.2	Die Basistechniken	19
2.2.2.3	Die Ausrüstung	26
2.2.2.4	Die Sicherungstechniken	29
2.2.3	Zur Technik des Bergwanderns	38
2.2.4	Gefahr und Sicherheit beim Klettern und Bergwandern	43
3	**Die Zielgruppe (Brück)**	**47**
3.1	Der Personenkreis geistig behinderter Menschen	47
3.1.1	Medizinische Aspekte	48
3.1.2	Psychologische Aspekte	49
3.1.3	Soziologische Aspekte	50
3.1.4	Sonderpädagogische Aspekte	50
3.2	Beeinträchtigte Bereiche	51
4	**Die Fotoecke – Klettern, im Bild festgehalten (Luthe)**	**55**
5	**Die pädagogische Relevanz des Kletterns (Cordas, Lücking, Boecker)**	**73**
5.1	Die Bedeutung sportmotorischer Förderung für geistig behinderte Menschen	75
5.2	Die Bedeutung der sportmotorischen Basisfähigkeit Klettern für die Zielgruppe	76
5.2.1	Die Dimension der Ganzheitlichkeit	77
5.2.2	Die Dimension der Persönlichkeitsförderung	81
5.2.3	Klettern – eine besondere Form der Angst und eine spezielle Methode zu deren Bewältigung	86

6	**Erlebnispädagogische Aspekte des Kletterns und Bergwanderns (Brück, Boecker)**	**90**
6.1	Das Konzept der Erlebnispädagogik	90
6.1.1	Ursprung und Entwicklung	90
6.1.2	Das heutige Verständnis	92
6.1.3	Zur Bedeutung von Erlebnissen für die Persönlichkeitsentwicklung	94
6.1.4	Angestrebte Ziele	96
6.1.5	Grundsätze der Vorgehensweise bei erlebnispädagogischen Maßnahmen	98
6.1.6	Zur erlebnispädagogischen Wirksamkeit	102
6.2	Erlebnispädagogik zur Förderung geistig behinderter Menschen	103
6.2.1	Möglichkeiten der Förderung	104
6.2.2	Grenzen der Erlebnispädagogik	106
6.2.3	Didaktisch-methodische Rahmenbedingungen	108
6.3	Die erlebnispädagogische Fördermaßnahme Klettern	111
6.3.1	Das praktische Bedingungsfeld	111
6.3.1.1	Vorausgehende Überlegungen	111
6.3.1.2	Die Form des Kletterns – Toprope versus Vorstieg	112
6.3.1.3	Der Ort des Erlebens – künstliche Kletterwände versus Naturfels	113
6.3.2	Klettern unter dem Aspekt der ganzheitlich erlebten Förderung	116
6.4	Erlebnispädagogische Aspekte zum Bergwandern	123
7	**Die praktische Umsetzung (Lücking, Boecker)**	**129**
7.1	Die Kletterwoche	129
7.1.1	Der Aufbau	129
7.1.2	Inhalte und Ziele	131
7.1.3	Methoden und Organisation	134
7.1.4	Grundlegende technomotorische Fähigkeiten beim Klettern	138
7.1.5	Die Umsetzung	139
7.1.6	Spiel- und Lernformen zum Bouldern und Topropeklettern	142
7.2	Das Wanderprojekt	145
7.2.1	Exemplarische Vorstellung eines Wandergebiets – rund um die Tegernseer Alpen	145
7.2.2	Die Vorbereitung	149
7.2.3	Die Wanderausrüstung (Checkliste)	151

7.2.4	Die Durchführung und die Nachbereitung – das Tagebuch „Die Maxi-Kraxler 2000"	153

Anhang   **172**

Literaturverzeichnis 172

Die Autoren 177

Checklisten für Kletterfähigkeiten 179
Checkliste für bergwanderrelevante Fähigkeiten 183

Vorwort

Der Behinderten-Sportverband Nordrhein-Westfalen ist nicht abergläubisch. Der geneigte Leser wird feststellen, dass sich ausgerechnet dieser Band 13 mit Klettern und Bergwandern mit Kindern und Jugendlichen mit geistiger Behinderung beschäftigt.

Im Gegenteil: Wir sind, wie in vielen Bereichen, davon überzeugt, dass das Erschließen neuer Sportarten wie das Klettern für Menschen mit Behinderung selbstverständlicher sein sollte, als es heute noch ist. Mit diesem Buch wird erneut der Beweis angetreten, dass eine gründliche didaktisch-methodische Aufbereitung die optimale Grundlage bietet, selbst eine Sportart wie das Sportklettern mit geistig behinderten Menschen zu einem Erlebnis werden zu lassen.

Genau das ist das, was in zunehmendem Maße gebraucht wird.

Wenn unsere Gesellschaft sich immer mehr an Trend- oder Funsportarten orientiert, Events immer interessanter und akzeptierter werden, dann macht dies auch vor dem Sport der Behinderten nicht Halt. Und so sind wir, der Behinderten-Sportverband Nordrhein-Westfalen, daran interessiert und motiviert, diese Sportarten, wie das Klettern und Bergwandern zeigen, aufzubereiten und sie so einer breiten Öffentlichkeit zugänglich zu machen. Es bleibt die Hoffnung, dass mit dem Band 13 – Klettern und Bergwandern – die Autoren unter Leitung von Holger Boecker die Grundlage dafür legen, dass dies in Zukunft von vielen anderen Gruppen und Einrichtungen aufgegriffen wird. Unsere Sportlerinnen und Sportler mit geistiger Behinderung werden es ihnen danken.

Reinhard Schneider   Vorsitzender des Behinderten-Sportverbandes
                                          Nordrhein-Westfalen

1 Einleitung

- Anstelle eines Autorenvorworts einige Zitate von Teilnehmern an unseren Projekten:

„Klettern macht so schön stark!" Frederik, 13 Jahre
„Oben kann ich auf die anderen runtergucken!" Mario, 15 Jahre
„Klettern macht gute Gefühle!" Verena, 15 Jahre
„Gut ist, wenn man`s geschafft hat, ganz oben zu sein!" Britta, 17 Jahre
„Die Angst kommt am Anfang und geht dann immer mehr weg!" Kai, 15 Jahre
„Klettern macht groß!" Christin, 9 Jahre
„Klettern ist spitzenmächtig!" Jens, 12 Jahre
„Runter ist doof, weil man dann unbedingt wieder rauf muss!" Michael, 13 Jahre
„Auf dem Gipfel ist man so hoch, da ist man fast bei Gott!" Mario, 15 Jahre
„Berge sind schön anstrengend!" Carsten, 18 Jahre
„Ich hatte einen Alpentraum!" Mario, 16 Jahre
„Erst wollte ich nicht hoch, weil ich dachte, ich schaff`s nicht; dann wollte ich nicht mehr runter, weil ich`s doch geschafft hab` und als ich wieder unten war, wollte ich wieder rauf, weil ich wusste, dass ich`s doch kann!" Michael, 18 Jahre

- Der Grund für das Verfassen dieses Buches ist

einfach und komplex zugleich. Am Anfang stand eine Idee, die als einmalige Kletteraktion schnell umgesetzt wurde. Auf Grund der aufkeimenden Begeisterung entwickelte sich daraus die Mehrmaligkeit und die feste Installation dieser Projekte ins Angebot unserer Einrichtung. Und je öfter die Aktionen stattfanden, desto mehr faszinierte ein Aspekt, der mein Interesse weckte: Es gab viele Teilnehmer mit unterschiedlich schwerer Behinderung, die mit zum Teil größten Ängsten vor allem während der Übergangsphase zwischen Aufstieg und Abseilen zu kämpfen hatten und sich dennoch immer wieder motiviert für einen neuerlichen Kletterversuch anstellten. Was also bewegt einen Menschen, der sich vor Angst kaum noch bewegen kann, dazu, sich noch einmal und öfter dieser Angst auszusetzen? Worin liegt der Reiz der Angst?

- Das Buch ist geschrieben worden für

alle Aktiven in (sonder-)pädagogischen Arbeitsbereichen, die sich ein trendsportliches Feld erschließen möchten und dieses Buch als Anstoß und Anregung sehen. Den inhaltlichen Schwerpunkt bildet, wie der Titel schon verrät, natürlich das Klettern und Wandern. Aber ich denke, es kann darüber hinaus Inspiration sein, neue und andere Wege in der (sonder-)pädagogischen Förderung zu gehen und neben die reine Förderung auch die (Heraus-)Forderung zu stellen und damit positivste Effekte in der Persönlichkeitsausbildung zu erzielen.

- Der Aufbau gliedert sich in
die Kapitel „Klettern und Bergwandern", dessen Schwerpunkt sachanalytische Aspekte bilden, „Die Zielgruppe", welches sich mit der Sichtweise unterschiedlichster wissenschaftlicher Disziplinen zum betreffenden Personenkreis auseinander setzt, „Die Fotoecke", das ausschließlich Fotos beinhaltet, die von einem befreundeten Fotografen gemacht wurden und die einen optischen Vorgeschmack auf das Folgende geben sollen, „Pädagogische Relevanz des Kletterns", in dessen Verlauf die sportmotorische Bedeutung sowie die Persönlichkeitsförderung herausgearbeitet wird, „Erlebnispädagogische Aspekte des Kletterns und Bergwanderns", das nicht vom vorhergehenden Kapitel getrennt gesehen werden sollte, sondern dieses in bestimmten Aspekten erweitert und auf eine bestimmte Sichtweise zuschneidet und zu guter Letzt „Die praktische Umsetzung" mit der exemplarischen Vorstellung einiger Projektformen und damit verbundener in der Praxis bewährter Vor- und Nachbereitungsformen.

- Ein besonderer Dank geht an
natürlich zuallererst die drei Mitarbeiter an diesem Buch: Claudia Lücking, Kati Kordas und Carsten Brück, die sich vertiefend über ihre Staatsarbeiten mit den von mir initiierten Projekten auseinander gesetzt haben und das zusammengekommene Material für dieses Buch zur Verfügung stellten.

Franz Luthe, der die in Kapitel 4 gezeigten Fotos geschossen und dabei Momente des Kletterns in besonderer Weise festgehalten hat.

die Kollegen, die die Projekte tatkräftig vor Ort unterstützen und diejenigen, die innerhalb der Einrichtung unsere Abwesenheit kompensieren.

Susanne Hennig, die unermüdlich fehlende Literatur heranschaffte.

die Vorwerks vom „Kletter-Max" in Dortmund.

an meine Familie.

2 Klettern und Bergwandern (Brück, Cordas, Boecker)

2.1 Von der Geburtsstunde des Bergsteigens bis zur modernen Kletterei

In diesem Kapitel werden einige ausgewählte Ereignisse und Daten aufgeführt, die einen Überblick über die Geschichte des Kletterns und Bergsteigens ermöglichen sollen.

Das Leben der ersten Menschen im Gebirge war von Härte und Kampf geprägt, sodass niemand aus Freude oder Lust auf die Berge stieg. Die Bewohner hatten vielmehr Angst vor den Höhen, wo sie Dämonen, Geister, wilde Tiere oder sogar Götter vermuteten. Die ersten Menschen, die Berge bestiegen, waren Hirten, Jäger und Händler. Ihr Ziel war nicht das Erklettern der Gipfel, sondern die Übergänge von Tal zu Tal (vgl. Stückl & Sojer, 1996, S. 9).

Der 26. April 1336 ist die „Geburtsstunde des Bergsteigens" (Stückl & Sojer, 1996, S. 9). An diesem Tag erklomm der italienische Dichter Francisco Petrarca den Mont Ventoux, um seine Heimat von oben sehen und beschreiben zu können. Während die Erstbesteigungen aus naturwissenschaftlichem Interesse entstanden, wurden Ende des 19. Jahrhunderts die ersten Gipfel aus sportlichen Motiven erklettert. So wurde am 14. Juli 1865 das Matterhorn durch die englischen Alpinisten Edward Whymper und Charles Hudson bezwungen. Die meisten Erstbesteigungen wurden durch einen einheimischen Führer begleitet. Erst einige Zeit später entstand das führerlose Bergsteigen, welches durch Ludwig Purtscheller und die Brüder Emil und Otto Zsigmondy eingeleitet wurde.

Die weitere Entwicklung kann in zwei Phasen unterteilt werden. Ging es anfangs um die Erstbesteigung der bedeutendsten Gipfel, wurde die Erklimmung der großen Wände und schwieriger Grate zunehmend wichtiger. So wurde am 24. Juli 1938, nach mehrmaligem Versuch, die Eiger Nordwand durch Heckmair, Vörg, Kasparek und Harrer bestiegen. Die Interessen weiteten sich frühzeitig auf Gebirge außerhalb Europas, wie vor allem den Kaukasus, die Anden und später auf den Himalaja und auf den Karakorum, aus. Mit der britischen Mount Everest-Expedition 1921 begann der Wettkampf um die Achttausender, der höchsten Gipfel der Erde. Aber erst 1950 gelang die Besteigung des 8.091 m hohen Annapurna I durch die Franzosen Maurice Herzog und Louis Lachenal. Drei Jahre später, am 29. Mai 1953, betraten der Neuseeländer Edmund Hillary und sein Sherpa Tensing Norgay als Erste den höchsten Punkt der Erde, den 8.848 m hohen Tschomolungma (Mount Everest).

Ende des 19. Jahrhunderts wurde durch die Entwicklung der modernen Felstechnik, der so genannten *Münchener Schule*, durch Alpinisten wie Hans Dülfer, Paul Preuß und anderer, eine Verbesserung der bergsteigerischen Schwierigkeiten sichtbar. Nachdem die vom Fels gegebenen, natürlichen Möglichkeiten ausgeschöpft waren, begann in den 50er Jahren die so genannte *Eisenzeit*, in der technische Hilfsmittel, wie Haken, Trittschlingen und Bohrhaken, eingesetzt wurden. Ein Höhepunkt dieser Epoche war die Bezwingung der Direttissima, der Nordwand der Großen Zinne, im Sommer 1958 durch die Deutschen Hasse, Brandler, Lehne und Löw.

Das Klettern im Mittelgebirge wurde erst zu dieser Zeit verstärkt unternommen und als Vorbereitung auf alpine Touren angesehen. Im sächsischen Elbsandsteingebirge und an den Küstenklippen Englands entstand eine neue Kletterkultur, die sich zur selbstständigen Bewegung des Felskletterns erweiterte. Die Kletterrouten wurden frei geklettert, wobei Haken und andere künstliche Hilfsmittel nur zur Sicherung, nicht als Griffe oder Tritte verwendet werden durften. Bereits 1874 bestieg Otto Ufer den Mönch ohne künstliche Hilfsmittel. 1890 begann durch Oscar Schuster, Conrad und Friedrich Meurers die eigentliche Erschließung des Elbsandsteingebirges für den Klettersport. Den ersten Kletterführer, „Der Bergsteiger in der Sächsischen Schweiz" (Pankotsch, 1990, S. 162), veröffentlichte 1908 Rudolf Fehrmann, womit die ersten sportlichen Grundsätze des Felskletterns festgelegt wurden. In den Jahren bis 1939 sind bedeutende Fortschritte in der Entwicklung von Technik, Kraft und Ausdauer zu verzeichnen. Nach den Kriegsjahren kam es zu einem erneuten Aufschwung des Klettersports. Die aus der damaligen Not heraus entstandene Barfußkletterei und die Entwicklung der Seilschlinge sind kennzeichnend für diese Zeit.

Durch die herausragenden Fertigkeiten Bernd Arnolds im Jahre 1969 wurden alle bisher erzielten Leistungen übertroffen und neue Maßstäbe gesetzt. Fritz Wießner brachte das „Freiklettern" in die USA. Als „Free Climbing" kehrte es durch Kurt Albert wieder zurück nach Europa. Er schuf die neue „Ethik des Rotpunktkletterns". Das heute bereits legendäre Camp IV im Yosemite Valley (USA) entwickelte sich zu einer „Freiluftresidenz für Aussteiger", wo erhebliche Kletterleistungen vollbracht wurden. Dort entstand das so genannte *Clean Climbing*, bei dem keine Spuren beim Klettern hinterlassen und nur Klemmkeile zur Sicherung benutzt werden durften. Beeinflusst durch das amerikanische Kletterverständnis begann nach 1970 der Aufschwung des freien Kletterns, womit das Augenmerk verstärkt auf die Mittelgebirge aller Länder gerichtet wurde. In dieser Zeit erzielte man gewaltige Leistungssteigerungen. So wurde 1977 durch die Erstbegehung der Pumprisse am Wilden Kaiser durch Kiene und Karl der VII.

Schwierigkeitsgrad eingeführt und die Alpenskala nach oben hin geöffnet. Das Klettern entwickelte sich zum professionellen Hochleistungssport, und es entstanden die ersten Kletterwettkämpfe Mitte der 80er Jahre. So kletterte Wolfgang Güllich 1991 erstmals den XI. Schwierigkeitsgrad. Während dieser Entwicklung entstanden zum Teil umstrittene Methoden des Felskletterns. So wurden z. B. schwierige Schlüsselstellen mit Sicherung von oben, der topropen Sicherung, geklettert.

Die Entwicklung des Kletterns ist heute noch nicht abgeschlossen. Der XI., derzeitig höchste Schwierigkeitsgrad, wird nicht als das Ende des Leistungsvermögens der Kletterer angesehen. Durch die Entstehung künstlicher Felsen erhielt die Entwicklung einen weiteren Impuls. Mit diesen künstlichen Kletteranlagen konnte man die Anforderungen der seit 1985 regelmäßig stattfindenden Wettkämpfe erfüllen. Seit 1989 gibt es einen Weltcup im Sportklettern. In den letzten Jahren entstanden zahlreiche, kommerziell betriebene Kletterhallen, die Breiten- wie Leistungssportlern gute Übungsmöglichkeiten zur Verfügung stellen. Das Klettern ist zu einem Freizeitsport geworden, den nach Angaben des Deutschen Alpenvereins (DAV) etwa 80.000 Menschen in Deutschland betreiben (vgl. Schmied & Schweinheim, 1996, S. 48f.; Pankotsch, 1990, S. 9f.; Stückl & Sojer, 1996, S. 9f.; Hoffmann & Pohl, 1996, S. 9f.).

2.2 Von der Definition zur Technik

Das Klettern wird als eine Bewegungsgrundform definiert, „mit der Räume und Hindernisse dort zu überwinden sind, wo der aufrechte Gang auf zwei Beinen nicht mehr möglich ist" (Paschel & Scheel, 1983, S. 98) und stellt eine Abfolge von Bewegungen dar, die der Einwirkung der Schwerkraft entgegengesetzt ist. Ziel ist die Bewegung vom Erdboden weg unter Erhaltung des Gleichgewichts. Dabei sind die Hände für das Festhalten und Ziehen des Körpers verantwortlich, während die Beine sowohl dem Stand als auch der Fortbewegung dienen, indem mit ihnen gestemmt und ausreichender Halt gesucht wird. Entwicklungspsychologisch gehört das Klettern zu den motorischen Grundformen, wobei hier wiederum unterschieden werden kann zwischen den elementaren motorischen Fertigkeiten wie Sitzen, Krabbeln, Stehen, Laufen und Greifen und sportmotorischen Grundfertigkeiten wie Rennen, Springen, Balancieren, Fangen, Werfen und eben auch dem Klettern und Steigen, die sich in den ersten Lebensjahren, aufbauend auf den Elementarfähigkeiten, entwickeln und mit zunehmender Eigentätigkeit den individuellen Möglichkeiten entsprechend vervollkommen. Der eigentliche Vorgang des Kletterns steht dabei in engstem Zusammenhang mit der Gleichgewichtsherstellung bzw. Gleichgewichtserhaltung und ist somit als ständige Wechselbeziehung zwischen Wahrnehmung und Bewegung zu sehen; zudem wird eine Vielzahl grobmotorischer Aktivitäten angeregt und viele Bereiche der Muskulatur beansprucht. So sind die motorischen Grundfähigkeiten Kraft, Geschicklichkeit, Beweglichkeit, Koordination, Gleichgewicht und lokale Muskelausdauer für Klettervorgänge gleichzeitig erforderlich wie förderbar. In Verbindung mit der jeweils individuellen Bewegungsgeschichte eines jeden Kletterers kann es zu völlig unterschiedlichen Wahrnehmungen von Klettersituationen kommen. Sicherheit und Unsicherheit, Freude und Angst, Spannung und Langeweile, Vertrauen und Misstrauen sind Eckpunkte von Bereichen, in denen sich unterschiedliche Personen in scheinbar gleichen Bewegungssituationen vollkommen unterschiedlich wahrnehmen können. Hierbei können vielfältigste Aspekte konditioneller, koordinativer, sensorischer, räumlicher, kognitiver, emotionaler, erlebnisorientierter, gesundheitlicher etc. Art zum Tragen kommen und je nach pädagogischer Intention vertieft werden. Klettern beispielsweise als Schul- oder auch als Freizeitsport ist vor diesem Hintergrund als eine ganzheitliche Bewegungsform zu begreifen, bei der die genannten Aspekte thematisiert, gefördert, ausgebaut, vertieft und verbessert werden können.

2.2.1 Der Kletter-/Bergsport und seine Disziplinen

Das Handlungsfeld des Kletterns birgt eine Vielzahl von Ausprägungsformen. Es existieren verschiedene Begriffe wie Bergsteigen, Felsklettern, Sportklettern oder sauberes Klettern, die alle das Klettern als sportliche Betätigungsform beschreiben, sich jedoch in ihrer Bedeutung unterscheiden. Zum besseren Verständnis wird im Folgenden der Versuch unternommen, Zusammenhänge aufzuzeigen und verschiedene Disziplinen voneinander abzugrenzen.

Der Begriff *Klettern* wird in sportwissenschaftlicher Literatur als „das Besteigen von hohen, schwierig zu erreichenden Berggipfeln" (Krombholz, 1995, S. 17) beschrieben, was unserem Verständnis vom Bergsteigen entspricht. Im Gegensatz dazu gibt es jedoch auch eine Vielzahl anderer Kletterdisziplinen, die nicht in der alpinen Bergwelt betrieben werden. Klettern ist mit Bergsteigen also nicht unbedingt gleichzusetzen. Zusätzlich definiert sich das Bergsteigen nicht ausschließlich über die Klettertätigkeit, sondern muss als Oberbegriff für vielfache sportliche Möglichkeiten im Gebirge verstanden werden. Es umfasst neben dem Felsklettern auch Bergwandern, Eisgehen, Hoch- und Skitourismus.

Die Grenze zwischen Bergwandern und Bergsteigen kann nicht eindeutig gezogen werden, da die Übergänge fließend sind und vom Erfahrungs- und Leistungsstand des Einzelnen abhängen. Bergwandern ist die grundlegendste Form des Bergsteigens, wobei die Hände nur zur Erhaltung des Gleichgewichts gebraucht werden. Werden jedoch die Hände zur Fortbewegung mit eingesetzt, so wird dies als Klettern bezeichnet (vgl. Berghold, 1988, S. 22). Pankotsch (1990, S. 10) nimmt eine allgemeine Unterteilung des Bergsteigens in Felsklettern im Mittelgebirge, Hochgebirge und im vergletscherten Hochgebirge vor.

Das Felsklettern wird grundsätzlich in *freies* und *künstliches Klettern* unterteilt. Dabei wird die Art der Fortbewegung nach strikten Kriterien eingeordnet (vgl. ders., 1990, S. 10f.). Freies Klettern bedeutet, dass lediglich die von der natürlichen Struktur der Kletterfläche gegebenen Haltepunkte zur Überwindung der Schwerkraft benutzt werden, wobei der Kletterer aber zu keiner Zeit ungesichert ist. Setzt man jedoch zur aktiven Fortbewegung oder zum Ausruhen künstliche Mittel wie Klemmkeile, Haken oder Seile, ein, so bezeichnet man dies als künstliches Klettern (vgl. Güllich & Kubin, 1987, S. 17).

Zum freien Klettern wird auch das Sportklettern als eigenständige sportliche Betätigung gezählt. Dieses wird allerdings nicht nur im alpinen und außeralpinen Gebirge, sondern auch in Klettergärten und an künstlichen Wandkonstruktionen ausgeübt. Die unterschiedlichen Rahmenvorgaben dieser Bereiche bedingen zum einen die Art und Schwere der psychischen und physischen Anforderungen an den Kletterer und zum anderen das Ausmaß der möglichen Risiken und Gefahren. Um eine möglichst objektive Beurteilung und Vergleichbarkeit von Kletterleistungen zu ermöglichen, sind für das Sportklettern spezielle Bezeichnungen mit entsprechenden Regeln entwickelt worden. In der folgenden *Tabelle 1* werden neun verschiedene Erscheinungsformen des Sportkletterns in der Reihenfolge ihrer zugesprochenen sportlichen Wertigkeit aufgeführt. Der Begriff *Vorstieg* meint in diesem Zusammenhang das Klettern als Seilerster mit dem Anbringen eigener Zwischensicherungen (vgl. Hoffman & Pohl, 1996, S. 78f.).

Tab.1: Begriffe des Sportkletterns (nach: Hoffmann & Pohl, 1996, S. 79 f.)

1. ON sight Die sturzfreie Begehung einer unbekannten Kletterroute im Vorstieg beim ersten Versuch.	2. Flash Die sturzfreie Begehung einer unbekannten Route im Vorstieg beim ersten Versuch, die Route darf durch vorhergehendes Abseilen studiert oder ein Kletterer bei einer Begehung beobachtet werden.	3. Rotpunkt Die sturzfreie Begehung einer Kletterroute im Vorstieg, bei der sämtliche Zwischensicherungen während des Kletterns angebracht wurden.
4. Pinkpoint Vor der Begehung einer Route sind bereits Zwischensicherungen vorbereitet.	5. Rotkreis Das Seil wird nach einem Sturz in der letzten eingehängten Zwischensicherung gelassen und anschließend ein neuer Versuch vom Boden aus unternommen.	6. Hangdogging Weiterklettern nach einem Sturz von der letzten Zwischensicherung aus.
7. Rotkreuz Freie Begehung einer Route im Nachstieg.	8. Toprope Begehung einer Route mit Seilsicherung von oben. Da das Seil durch eine Umlenkung geführt wird, kann diese Form auch als Umlenksicherung bezeichnet werden.	9. Free solo Seilfreies, also ungesichertes Durchsteigen einer Kletterroute, welche die Absprunghöhe überschreitet.

2.2.2 Zur Technik des Sportkletterns

In diesem Teil soll etwas näher auf so genannte *Basistechniken*, die Ausrüstung, Sicherungstechniken und die allgemein gültigen Kletterprinzipien eingegangen werden, um den Leser gedanklich in Klettersituationen einzuführen und gleichzeitig wichtige methodische Grundlagen für weitere Überlegungen zu schaffen.

2.2.2.1 Die allgemein gültigen Kletterprinzipien

Neben so genannten biomechanischen Gesetzmäßigkeiten gibt es allgemein gültige Kletterprinzipien, die in verschiedenen Regeln, die sich auf den Klettervorgang beziehen, formuliert sind. Sie sollen zum einen dem Kletterer eine größere Sicherheit gewährleisten und zum anderen einen ökonomischen Kletterstil fördern.

Die Dreipunktregel
Sie besagt, dass möglichst immer drei Extremitäten (eine Hand und zwei Füße oder zwei Hände und ein Fuß) Kontakt mit dem Untergrund halten. Ursprünglich kommt diese Regel aus dem alpinen Klettern und dient der Eigensicherheit. So würden z. B. im Falle eines Griffausbruchs immer mindestens zwei Haltepunkte verbleiben. In vielen schweren Sportkletterrouten ist die Einhaltung dieser Regel jedoch nicht mehr möglich, da entweder das Griff- oder Trittangebot für einen dritten Haltepunkt nicht vorhanden ist oder die Kletterstelle es erforderlich macht, z. B. ein Bein aus Gleichgewichtsgründen in bestimmter Position hängen zu lassen. In Berücksichtigung auf die zu Grunde liegende Zielgruppe bildet in der klettertechnischen Ausbildung die Dreipunktregel und deren Einhaltung einen absoluten Schwerpunkt, da hier die persönliche Eigensicherheit zunächst von grundsätzlicher Bedeutung ist (s. Kap. 7).

Abb. 1: Der sichere Klettervorgang – drei Punkte halten, einer ist in Bewegung

Das vorausschauende Klettern
Darunter ist das sorgfältige vorherige visuelle Erfassen von Griffen und Tritten zu verstehen, um einerseits Kletterbewegungen gedanklich vorausplanen zu können und andererseits in unübersichtlichen Stellen nach Griffen und Tritten nicht lange suchen zu müssen. Diese Regel findet zielgruppenbezogen zumeist

erst mit Zunahme des Klettervermögens und der individuellen Verarbeitungsmöglichkeiten Berücksichtigung.

Das Klettern mit vorrangiger Hubarbeit der Beine
Da die Kraft der Arme wesentlich geringer als die der Beine ist und daraus eine schnellere Ermüdung resultiert, ist es sinnvoll, die Hauptlast immer mit den Beinen zu bewegen. In der Kletterausbildung unserer Teilnehmer fließt diese Regel immer wieder mit ein, lässt sich aber nicht durchgehend anwenden, da beispielsweise bei Beeinträchtigung der unteren Gliedmaßen ein Einsetzen der Beine zum Teil unmöglich gemacht wird.

Abb. 2: *Hier geht's nur über die Hubkraft der Beine weiter!*

Das Vermeiden von Extremstellungen
Befindet man sich in stark überstreckter Körperhaltung, so verliert man leicht die Übersicht für die weitere Kletterplanung und benötigt so einen überhöhten Krafteinsatz. Kletterer unserer Zielgruppe neigen mit zunehmender Kletterdauer innerhalb einer Route zu den so genannten *Extremstellungen*, um möglichst schnell ans Ziel zu gelangen. Aus kletterökonomischer Sicht kann dies aber den genau entgegengesetzten Effekt erzeugen und der Kletterer ermüdet schneller.

Abb. 3: Je extremer die Haltung desto schwieriger die Folgebewegung

Das Ruhen am gestreckten Arm
An Rastpositionen sollte der Arm möglichst lang gelassen werden, um unnötige Kraftvergeudung zu vermeiden. Die Regel spielt in der klettertechnischen Ausbildung unserer Zielgruppe eher eine untergeordnete Rolle.

2.2.2.2 Die Basistechniken

Die Basistechniken verkörpern die Grundelemente der Klettertechnik und können in Greifen der Hände, Treten der Füße, Kontrolle und Verlagerung des Körperschwerpunktes und Aufbau und Steuerung der Körperspannung unterteilt werden.

Die Grifftechniken

Zuggriffe
Diese Griffart ist dadurch charakterisiert, dass an einer Felsstruktur mit Kraft gezogen wird. Felserscheinungsformen, die die Anwendung von Zuggriffen bedingen, sind so genannten *Leisten* unterschiedlicher Breite und Neigung, Mulden, Kanten, Löcher und Rippen. Bei Henkeln sowie breiten und schmalen Leisten werden die Finger so großflächig wie möglich aufgelegt.

Schmale Leisten werden entweder mit hängenden Fingern oder mit steilem Aufsetzen der ersten beiden Fingerglieder gefasst. Bei schmalsten Leistchen werden die Finger mit dem ersten Glied spitz aufgestellt.

Punktgriffe, wie z. B. Felswarzen, greift man mit dem Zeigefinger und legt die anderen Finger, so gut es geht, darüber.

Fingerlöcher werden je nach Größe mit einem Finger oder Fingerpaaren gefasst. Rippen werden mit dem Daumen und den anderen Fingern wie mit einer Zange gefasst und umklammert. Man nennt diese Grifftechnik daher auch *Klammer-* oder *Zangengriff*.

Abb 4 und 5: Auf den sicheren Griff folgt der Zug nach oben.

Stützgriffe
Diese Griffart charakterisiert sich dadurch, dass auf einer Felsstruktur gestützt wird. Nahezu alle Felserscheinungsformen können unter Umständen hierzu benutzt werden. Stützgriffe sind für das Klettern sehr effektiv und Kraft sparend, da die hauptsächlich beanspruchten Fingerbeuger geschont werden. Gestützt wird hauptsächlich auf den Handballen. Mitunter können jedoch auch Finger oder Fingerpaare auf kleinen Vorsprüngen eingesetzt werden.

Abb. 6: *Grifftechniken können an der Boulderwand geübt werden.*

Gegenzuggriffe
Diese Griffart charakterisiert sich dadurch, dass an einer Felsstruktur mit beiden Händen in entgegegengesetzter Richtung mit Kraft gezogen wird. Felserscheinungsformen zur Anwendung von Gegenzuggriffen sind Risse und Löcher.

Weitere Griffformen lassen sich den vorgenannten unterordnen oder sind bezüglich der Zielgruppe nicht von Bedeutung.

> **Bei allen diesen Griffen gelten die folgenden Regeln für den Einsatz der Hände:**
> - Griffe verwenden, die nicht zu weit über Kopfhöhe sind.
> - Weiches Greifen; es wird beim Griffschluss nur so viel Kraft eingesetzt, dass die Erhaltung des Gleichgewichts und das Weitergreifen gewährleistet ist.
> - Griffe parallel zur Felsoberfläche belasten.
> - Griffe nicht in überstreckter Körperposition fassen. Folge: Verlust der Übersicht und unnötiger Verbrauch an Kraft.
> - Volle Griffbreite ausnutzen; Ziel einer möglichst großflächigen Umgreifung des Griffs ist der optimale Formschluss und damit eine bessere Kraftübertragung.

Die Trittarten und Techniken des Trittfassens
Da die Beinmuskulatur die stärker ausgeprägte Extremitätenmuskulatur ist, ist es wichtig, beim Klettern möglichst viel Körpergewicht von den Beinen tragen zu lassen, was gleichzeitig eine Entlastung der Arme nach sich zieht.

Steigtritte
Diese Trittart charakterisiert sich dadurch, dass unterschiedliche Felsstrukturen durch Druck mit dem Fuß nach unten belastet werden. Um diese Tritttechnik anzuwenden, ist es wichtig, drei Grundregeln zu befolgen:
- Dreipunktregel (s. unter Kap. 2.2.2.1 „Die allgemein gültigen Kletterprinzipien"): Drei Extremitäten halten den Kontakt mit dem Felsen, während sich die vierte bewegt.
- Statisch-reversibles Klettern: Jede Kletterbewegung muss wieder rückgängig gemacht werden können. Je höher der Schwierigkeitsgrad einer Kletterwand ist, desto unmöglicher ist das Einhalten dieser Regel und der Übergang zum risikoreicheren, dynamisch-irreversiblen Kletterstil wird erforderlich.
- Vorrangige Hubarbeit durch Beinkraft: Die Beine übernehmen die hauptsächliche Hubarbeit, während die Arme und Hände der Stabilisierung des Körperschwerpunkts dienen.
- In der Praxis können sämtliche Felserscheinungsformen für diese Trittart genutzt werden. Große, tiefe Löcher und breite Leisten werden mit dem Vorderfuß belastet. Auf schmalen Leisten wird mit der Innen- oder Außenkante des Schuhs Tritt gefasst. Kleine Löcher werden mit der Fußspitze so belastet, als wolle man mit der Spitze des großen Zehs hineintreten.

Reibungstechnik
Die Reibungstechnik ist eine besondere Form der Steigtechnik. Diese Trittart charakterisiert sich dadurch, dass glatte, geneigte Felsstrukturen durch Druck

mit dem Fuß nach unten belastet werden, ohne dass der Fuß eine Kante zum Antreten benötigt. Felserscheinungsformen sind hier glatte, geneigte Platten, Dellen oder abschüssige Leisten. Im Klettervorgang soll sich der Fuß der Oberflächenstruktur anpassen, sodass anschließend das Hauptgewicht des Körpers durch die Füße getragen wird und die Arme lediglich zum Abstützen und zur Gleichgewichtserhaltung genutzt werden müssen. Im Gegensatz zum senkrechten oder überhängenden Felsklettern wird der Körper von der Wand weggedrückt, um den maximalen Anpressdruck der Füße zu ermöglichen. Zur optimalen Übertragung des Drucks auf den Fels sind die Sprunggelenke stark gebeugt, während die Ferse nach unten „hängt". Es gilt das Prinzip des optimalen Formschlusses. Ruhige und stabile Bewegungen sind für das Reibungsklettern charakteristisch, um ein Rutschen oder Pendeln zu vermeiden.

Klemmtritte
Diese Trittart charakterisiert sich dadurch, dass der Fuß in einer Felsstruktur verklemmt wird. Felserscheinungsformen zur Anwendung sind Risse und Löcher. In schmalen Rissen wird der Fuß seitlich gekippt und mit der Spitze voran in den Riss eingeführt. Aus dieser Position wird der Fuß gedreht und dadurch verklemmt. In breite Risse wird der Fuß seitlich hineingestellt und durch Gegendruck mit Spitze und Ferse verklemmt.

> **Bei allen Tritten gelten folgende grundsätzliche Regeln für den Einsatz der Füße:**
> - Das Hauptgewicht sollte immer auf die Füße gebracht werden.
> - Erst nach Tritten Ausschau halten, dann nach Griffen.
> - Tritte bestmöglich ausnutzen und möglichst viel Sohlenfläche auf den Fels setzen.
> - Eine leichte Spreizstellung erhöht die Standfestigkeit.
> - Hohe Tritte möglichst vermeiden.
> - Auch kleine Tritte nutzen.

Das Stürzen und die Sturztechnik
Trotz aller möglichen und unmöglichen Vermeidungsstrategien lässt er sich oft genug nicht verhindern: **der Sturz.** Umso wichtiger ist sowohl die mentale wie technische Vorbereitung auf dieses Ereignis, dessen Umgehung neben der Erreichung des möglichst höchsten Punkts immer auch Ziel des Kletterns ist und aus diesem Grund gehört die Sturztechnik auch zu den so genannten *Basistechniken* des Kletterns. Ungesichert hat ein Sturz aus bestimmten Höhen schwerste Folgen, aber auch gesichert kann er Risiken beinhalten, die es im Vorfeld auszuräumen gilt.

So unterscheidet man grundsätzlich zwei verschiedene Sturzarten voneinander:

1. Der unkontrollierte Sturz
Der unkontollierte Sturz beinhaltet zumeist große Fallhöhen, die bei korrekter Anwendung der zum größten Teil durchgeführten Topropesicherung eigentlich nicht zu Stande kommen, sodass dieses Thema an dieser Stelle vernachlässigt werden kann.

2. Der kontrollierte Sturz
In der Kletterausbildung lässt sich an dieser Stelle eine weitere Zweiteilung vornehmen, die wie folgt aussieht:

a) Der ungewollt kontrollierte Sturz
Kontrollierte Stürze sind dann unausweichlich, wenn persönliche Grenzen erreicht und überschritten werden; auf dieses Ereignis sollte der Kletterer immer vorbereitet sein. Im Falle eines Sturzes stößt sich der Kletterer mit einem kurzen, nicht zu starken Impuls mit den Füßen von der Wand ab und nimmt die Hände zum Anseilknoten am Hüftgurt, sodass sich eine aufrechte, zum Fels oder zur Kletterwand hin orientierte Körperhaltung ergibt, wobei die Beine leicht gespreizt und angewinkelt sind. Beim darauf folgenden so genannten *Fangstoß* wird man automatisch gegen den Felsen gependelt; der sich ergebende Aufprall wird dann mit den Füßen abgefangen. Wichtig ist, dass der Kletterer nicht in das Seil greift, welches vom Sichernden kommt, denn das führt schnell zu Verbrennungen und anderen Verletzungen.

Wie schon erwähnt, ist eine perfekte Sturztechnik bei Topropesicherung nicht von entscheidender Bedeutung, da zum einen die Fallhöhen im Durchschnitt geringer sind und zum anderen der Sichernde entscheidend auf die Sturzentwicklung Einfluss nehmen kann. Trotz allem scheint eine Fallschulung auf Grund mehrerer Faktoren, die anschließend beschrieben werden, notwendig zu sein.

b) Der gewollt kontrollierte Sturz
Die Einführung dieser Terminologie erscheint den Autoren in Zusammenhang mit der Zielgruppe wichtig, da sie intentional mehrere Zielvorstellungen beinhaltet und in der methodischen Umsetzung einen wichtigen Platz einnimmt. Zum einen wird der gewollt herbeigeführte Sturz, wie vorher erwähnt, zur Übung einer angemessenen Sturztechnik eingesetzt, sodass der Kletterer eine bessere Kontrolle über seinen Körper im Fall der Fälle hat. Zum anderen lässt sich über den gewollt herbeigeführten Sturz ein größeres Vertrauen des Kletterers sowohl in das Material (Seil, Karabiner usw.) als auch den Sichernden erzeugen.

Um diese Form des Sturztrainings nicht von vornherein mit Angst zu besetzen, wird sie in der praktischen Umsetzung durch die Begrifflichkeit der „*Tarzanschaukel*" ersetzt, was bedeutet, dass sich der Kletternde an einer technisch sehr einfachen Kletterroute in einen Überhang begibt, an dem ein Sturz auf Grund der Neigung unausweichlich wird; die Folge ist ein Sturz ins Seil mit relativ großer Pendelbewegung, die auf Grund der Neigung der Kletterwand zumeist ohne oder aber nur mit geringem Aufprall vonstatten geht. Anschließend kann sich der Kletterer in größerer Höhe „tarzanähnlich" auspendeln lassen, bevor er vom Sichernden abgelassen wird. Die beiden entscheidenden Momente während dieser Aktion sind das häufig angstbesetzte Loslassen von der Wand und das sich anschließende „Verlassenkönnen" auf Material und Sichernden. Ist diese fundamentale Angst erst einmal überwunden, lässt sich der Kletternde zumeist auf die folgende Technikschulung motivierter und mental freier ein.

Abb.7: Auf dem Weg nach unten nach überstandener Tarzanschaukel

2.2.2.3 Die Ausrüstung

Ganz besondere Bedeutung kommt im Freiklettern der Ausrüstung zu, da sie die Grundlage der absoluten Sicherheit des Kletterers bildet. Im Folgenden werden Grundinformationen zu den für das Klettern mit der Zielgruppe benötigten Ausrüstungsgegenständen gegeben, die auf den Normen basieren, die von der UIAA (Union International des Associations d`Alpinisme) in Zusammenarbeit mit vielen nationalen Normausschüssen (z. B. dem DAV-Sicherheitskreis) entwickelt wurden und die Mindestanforderungen an Funktionstüchtigkeit und Sicherheitsreserven eines Ausrüstungsbestandteils festlegen.

Der Klettergurt

Der Klettergurt sollte bei einem Sturz auftretende Kräfte durch entsprechende Dehnfähigkeit verträglich auf den Körper übertragen und eine komfortable Sitzposition gewährleisten (DIN 7947, UIAA). Man unterscheidet zwischen *Hüftgurt und Brustgurt*; der Hüft- oder Sitzgurt ist die in der Sportkletterei am häufigsten anzutreffende Variante, wobei eine Kombination aus Hüft- und Brustgurt ein höheres Maß an Sicherheit gewährleistet und einem Abkippen nach hinten vorbeugt, was bei einem unkontrollierten, weiten Sturz oder mangelnder Körperkontrolle durchaus passieren kann. Eine weitere, von vielen unserer Teilnehmer bevorzugte Variante ist der Anseilkomplettgurt (Sitz-Brustgurt-Kombination) mit einem relativ hoch sitzenden Sicherungspunkt. Er verleiht das subjektiv empfundene höhere Maß an Sicherheit, da er aus einem Teil besteht. Zudem ist er leichter anzulegen als die vorgenannte Kombination, allerdings wurde festgestellt, dass der Fangstoß bei einem Sturz über diesen Gurt direkt auf die gestreckte Wirbelsäule übertragen wird und deshalb nicht in gleichem Maße gesundheitsverträglich ist.

Das Seil

Zweck des Seils ist es, den schlimmstmöglichen Sturz des Kletterers abzufangen. Ebenso wie die Anseilgurte müssen auch die Seile den Anforderungen der UIAA bzw. DIN 7649 entsprechen. Ein modernes Seil besteht aus einer Nylon-Kernmantelkonstruktion, d. h. der tragende Kern, auch *Seele* genannt, wird von einem schützenden Mantel umhüllt. Der bei einem Sturz auftretende Fangstoß (= Kraft, die bei einem Normsturz auf den Körper einwirkt) darf ein gewisses Maximum nicht überschreiten, um Verletzungen zu vermeiden. Deshalb hat man das körperverträgliche Maß auf 12 kN (10 Kilonewton entsprechen 1.000 Kilopond) festgelegt. Damit dieser Maximalwert nicht überschritten wird, nehmen die Seile durch elastische Dehnung einen Teil der Sturzenergie auf. Diese Dehnung darf allerdings nicht zu groß sein, da sich ansonsten die Sturzstrecke unnötig verlängert wird.

Karabiner
Sie dienen zur Verbindung von Seilen, Bandschlingen und Fixpunkten sowie zur Sicherung des Seilpartners (DIN 7944, UIAA-Normen). Im Freiklettern werden Aluminiumkarabiner auf Grund des geringen Eigengewichts bevorzugt; zur Sicherung des Seilpartners werden u. a. die birnenförmigen HMS-Karabiner verwendet. Karabiner für die Partnersicherung, Selbstsicherung, Toprope, Abseilen und einige andere Seilmanöver müssen gegen ungewolltes Öffnen des Schnappers gesichert sein. Bewährte Systeme sind Schraubverschlüsse, die per Hand zugeschraubt werden müssen; Twistlock- (Kwiklock-), Schiebe- und Bajonettverschlüsse schließen hingegen automatisch. Die geforderte Bruchlast liegt bei 20 kN in Längsrichtung und 6 kN in Querrichtung.

Haken
Sie dienen als weit gehend von der Belastungsrichtung unabhängiger, dauerhafter Fixpunkt in natürlichen oder auch künstlichen Wänden. Hier sind die genormten Bohrhaken von besonderem Interesse (DIN 33945 bzw. UIAA).

Griffelemente
Künstliche Griffelemente werden vornehmlich aus einem Polyesterharz-Sand-Gemisch, aber auch aus anderen Materialien wie Holz hergestellt. Neben felsähnlichen Reibungswerten, Alterungsbeständigkeit und hoher mechanischer Widerstandsfähigkeit sollten Griffe eine für die Hand anatomisch gerechte Form aufweisen. Wichtig ist, dass sie keine scharfen Kanten haben und nicht splittern können, um Verletzungen an den Fingern zu vermeiden.

Magnesia
Die Verwendung von Magnesia trocknet den Handschweiß und die Griffelemente werden weniger vom Schweiß angegriffen. Der Kletterer führt das Pulver in einem Stoffbeutel mit, der an der Rückseite seines Klettergurts befestigt ist. Neben der physiologischen Wirkung des Magnesia ist der motivationale Faktor ebenfalls nicht zu unterschätzen, da viele Teilnehmer der Überzeugung sind, dass sie das weiße Pulver besser klettern lässt.

GRIGRI und Abseilachter
Der Abseilachter hat, wie der Name schon sagt, die Form einer Acht. Die mehrfache Umlenkung des Seils beim Durchlaufen bewirkt eine so hohe Seilreibung, dass man sich oder seinen Partner ohne Kraftaufwand am Seil ablassen kann.

Das GRIGRI ist ebenfalls ein Sicherungsgerät, das bei ruckartiger Belastung automatisch blockiert; ein Hebel am GRIGRI dient der Freigabe des Blockiermechanismus.

Welche Sicherungstechnik, ob über Halbmastwurf (s. „Anseilknoten", S. 29), Abseilachter oder GRIGRI vom Einzelnen bevorzugt wird, unterliegt häufig dem persönlichen Empfinden. Zu empfehlen ist allerdings, dass der Halbmastwurf als Einstieg in die Sicherungstechnik grundsätzlich beherrscht wird und angewandt werden kann, da er nach Autorenerfahrung die direkteste Verbindung vom Sichernden zum Kletterer darstellt. Die beiden anderen, hier vorgestellten Sicherungsformen sind bei andauerndem Sichern im Toprope (beispielsweise während eines Mehrtagesprojekts) durchaus arbeitserleichternd und besonders das GRIGRI handschonend.

Kletterschuhe
Das herausstechendste Merkmal eines Kletterschuhs ist neben der engen Passform der hohe Reibungswert seiner Sohle, durch die ein Abrutschen auch auf kleinsten Felsunebenheiten verhindert wird. Ein Kletterschuh wird von drei Komponenten bestimmt:

a) Steifigkeit der Sohle in Längs- und Querrichtung:
Je härter die Sohle desto bessere Kraftübertragung und Kantenstabilität.
b) Form des Obermaterials:
- Ballerina – leichter Schuh, meist ohne Schnürung.
- Halbschuh – höhere Bewegungsfreiheit um den Knöchel.
- Knöchelhohe Schuhe – größerer Fußschutz und hohe Stabilität im Fußgelenk.
c) Passform:
Der Schuh muss sehr genau passen, um die Kraft vollständig vom Fuß auf den Felsen übertragen zu können.

Für den Einstieg ins Klettern sind Sportschuhe (bevorzugt Hallenschuhe) zunächst vollkommen ausreichend. Bei fortschreitender Klettertechnik sollte allerdings auf spezielle Kletterschuhe (sind für gewöhnlich im Kletterzentrum ausleihbar) ob der günstigeren Haftung am Untergrund zurückgegriffen werden.

Kleidung
Hier sind der Fantasie und dem persönlichen Geschmack keinerlei Grenzen gesetzt; allerdings sollte ein gewisses Maß an Bewegungsfreiheit nicht vom Outfit eingeschränkt werden. Empfohlen werden relativ eng anliegende Beinkleider (z. B. Leggins) zur Vermeidung von Faltenbildung und nicht zu weite Oberteile, damit ein Hängenbleiben an Griffelementen von vornherein vermieden wird.

2.2.2.4 Die Sicherungstechniken

Für die Absicherung des Kletternden mit dem Seil beim Sportklettern über Absprunghöhe sind Kenntnisse im Umgang mit dem entsprechenden Sicherungsmittel unumgänglich. *Die praktische Ausbildung im Umgang mit diesen kann durch die folgenden Beschreibungen nicht ersetzt werden! Derjenige, der eine Umsetzung in welcher Form auch immer plant, sollte sich seiner Verantwortung gegenüber dem Kletternden zu jeder Zeit bewusst sein!* Auch wenn in der praktischen Umsetzung das Topropeklettern den weitaus größten Raum einnimmt, so sollte doch das Vorstiegsklettern als weiterführendes Moment nicht in Vergessenheit geraten, da es innerhalb der Zielgruppe immer wieder Teilnehmer gibt, die durchaus in der Lage sind, diese Form des Kletterns zu beherrschen.

Der Anseilknoten
Aus einer Vielzahl von Knoten sollen an dieser Stelle nur die vorgestellt werden, die nach Meinung der Autoren für das intendierte Klettern von Bedeutung sind.

Für alle Knoten gilt, dass sie sorgfältig und gewissenhaft gelegt werden müssen und in jedem Fall vom Sichernden kontrolliert werden; die Seilstränge dürfen innerhalb des Knotens nicht unnötig verdreht sein, um zusätzliche Scherkräfte zu vermeiden, die die Knotenfestigkeit herabsetzen. Zusätzlich sollte der Überstand des Seilendes mindestens das Zehnfache des Seildurchmessers betragen (bei einem 11-mm-Seil muss mindestens ein Seilrest von 11 cm vorhanden sein).

Bevor der Klettervorgang beginnt, muss der Anseilgurt (Klettergurt) mit dem Seil verbunden werden. Falls der Kletterer einen Brust- und Hüftgurt benutzt, sind die beiden Elemente mit der Achterbandmethode zu verbinden; dazu wird ein etwa 1,8 m langes Schlauchbandstück benötigt. Der korrekte Sitz des Achterbandes sollte durch einen Hängetest ermittelt werden. Die richtige Hängeposition ist erreicht, wenn der Hüftgurt die Hauptlast trägt, der Brustgurt nicht einschneidet und der Anseilpunkt sich im belasteten Zustand vor dem Brustbein befindet. In den Anseilpunkt des Achterbandes wird das Seil mithilfe eines gesteckten Achters in Tropfenform eingeknotet. Wird nur ein Hüftgurt verwendet, wird das Seil in die Einbindschlaufe oder durch Taillengurt und Verbindungssteg der Beinschlaufen geführt und ebenfalls ein gesteckter Achter in Tropfenform gelegt.

Um ein ständiges Lösen und Wiederverknoten eines Achterknotens bei Mehrfachnutzung einer Kletterroute zu vermeiden, kann der Anseilknoten auch in einen Karabiner gelegt werden. Wird eine solche Sicherungsform genutzt, ist es wichtig, einen Karabiner einzusetzen, der verschließbar ist, um ein versehentliches Herausrutschen des Seils zu vermeiden.

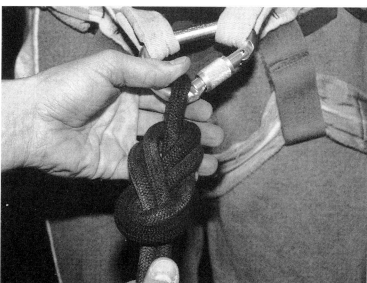

Abb. 8 und 9: Korrekt geführte Anseilachter

Die Selbstsicherung

Der Stand der Sicherungsperson bildet die Basis der Sicherungskette, denn letztendlich sind beide Partner über diese gesichert. Auf Grund dessen hat der sichere Stand zwei Aufgaben zu erfüllen:
- Die Partnersicherung, verstanden als Sicherung des Kletternden.
- Die Selbstsicherung, verstanden als die Sicherung des Sichernden.

Dem Standplatz und dessen Einrichtung muss dementsprechend, bezogen auf die Sicherheit, absolute Priorität zukommen. Die Selbstsicherung soll den Sichernden davor schützen, bei einem Sturz des Partners oder beim Ablassen selbst in die Höhe oder in Richtung der Kletterwand gezogen zu werden.

> Auf eine zusätzliche Standplatzsicherung am Boden über das Anbringen einer Bandschlinge o. Ä. sollte nur verzichtet werden, wenn folgende Bedingungen eingehalten werden:
> - Der Sichernde besitzt ausreichend Erfahrung im Halten von Stürzen.
> - Es treten absehbar keine Stürze über 5 m Fallhöhe auf.
> - Der Gewichtsunterschied zum Kletternden überschreitet nicht mehr als 10 kg.

Die Topropesicherung

Die gefahrloseste Form des Kletterns ist das Klettern im Toprope. Hierbei wird das Seil mit einem verschlussgesicherten Karabiner durch den obersten Fixpunkt (z. B. Bohrhaken) umgelenkt. Die Befestigung der Seilumlenkung befindet sich hier bereits oberhalb der Kletterroute. Das Seil muss immer über einen Fixpunkt (oder Umlenkpunkt), aus Metall bestehend, laufen. Niemals darf er durch textile Materialien geführt werden, da diese mit hoher Wahrscheinlichkeit durch entstehende Reibungshitze durchschmelzen werden.

Für die Sicherung des im Toprope Kletternden ergeben sich für den Sichernden drei Techniken, die, je nach Anwendung fehlerfrei, beherrscht werden müssen:

- Sicherung über den Halbmastwurf: Die Beherrschung dieses Knotens, der über eine übergeschlagene Windung in einen verschlussgesicherten Karabiner eingelegt wird, ist die älteste und grundlegendste Form des Sicherns, da sie auf zwischengeschaltete Sicherungsapparate verzichtet und die unmittelbarste Verbindung des Sichernden zum Seil und damit zum Kletternden darstellt.

Abb. 10: Halbmastwurfsicherung

- Sicherung über den Abseilachter: Der Abseilachter hat in den letzten Jahren als Sicherungsgerät im Rahmen des Hallenkletterns immer mehr an Bedeutung gewonnen, da er die „Handarbeit" insbesondere beim Vielklettern erleichtert. Das in die vorgegebene Acht eingefädelte Seil verbessert vor allen Dingen, je nach Beschaffenheit des Seils, den Durchzug und das abschließende Ablassen des Kletterers.

- Sicherung über das GriGri: Dieses Sicherungsgerät mit automatischer Rückschlagbremse eignet sich nach Meinung der Autoren besonders im länger andauernden Einsatz, wenn beispielsweise über mehrere Stunden an aufeinander folgenden Tagen immer konzentriert gesichert werden muss. Trotz anders lautender Meinungen zeigt die mehrjährige Erfahrung mit diesem Sicherungsgerät, dass es im Topropeklettern gefahrlos und für den Sichernden erleichternd eingesetzt werden kann, was in gleichem Maße für die Vorstiegssicherung nicht gilt; hier ist vom GriGri eher abzuraten.

Zusammenfassend lässt sich zur Topropesicherung sagen, dass
a) der Umgang mit der jeweiligen Sicherungstechnik absolut beherrscht werden muss, denn die Verantwortung für die Sicherungskette liegt zuallererst beim Sichernden.

b) die Sicherungstechnik vom Sichernden ausgewählt wird, die ihm persönlich ein Höchstmaß an Sicherheit verleiht, denn diese gibt er in jedem Fall auch an den Kletternden zurück.

An dieser Stelle soll nochmals, insbesondere bezogen auf das Klettern mit geistig behinderten Kindern, die vorrangige Stellung des Sichernden innerhalb der

Sicherungskette hervorgehoben werden; er ist derjenige, der in allen erdenklichen Situationen die Kontrollfunktion innehat und das Sicherheit gebende Moment darstellt. Deshalb übernimmt der Sichernde die Verantwortung für den gesamten Ablauf des Klettervorgangs, angefangen mit dem Einknoten des Achterknotens in den Klettergurt des Kletterers, die Überprüfung des korrekten Sitzes der Klettergurte (wichtig: die Kontrolle der jeweiligen Verschlüsse bei Gurten und Gerätschaften) sowie die eigene Standplatzauswahl bzw. -sicherung.

Die Topropesicherung schließt bei regulärer Anwendung jegliche Risiken aus, sodass sich diese Methode besonders für Anfänger und die zu Grunde liegende Zielgruppe eignet.

Abb. 11: *Alles auf sicheren Halt überprüft - jetzt geht`s in die Wand.*

Die Vorstiegssicherung
Beim Vorstieg ist der Kletterer bis zum ersten Haken in der Route ungesichert. Den ersten Zwischensicherungspunkt verbindet er über einen Karabiner bzw. eine so genannte *Expressschlinge* mit dem Seil; erst von diesem Punkt an kann der Partner sichernd eingreifen. Bevorzugte Sicherungstechnik ist die Sicherung über den Halbmastwurf oder den Abseilachter, da sowohl Seil zum Kletterer nachgegeben als auch das Seil anschließend vom Sichernden wieder gestrafft

werden muss. Dieser Vorgang sollte möglichst schnell getätigt werden können, um den entstehenden Moment der Unsicherheit so kurz wie möglich zu halten. Der Vorstieg als Klettertechnik sollte bei zu Grunde liegender Zielgruppe nur demjenigen zugemutet werden, der zum einen über eine ausgefeilte Klettertechnik verfügt als auch emotional derart gefestigt ist, dass er angsteinflößende Momente spontan und direkt be- und verarbeiten kann. In mehr als 5 Jahren Arbeit mit unterschiedlichsten Klettergruppen war bisher ein Teilnehmer in der Lage, in den Vorstieg eingeführt zu werden. Auch hier liegt die Entscheidung absolut beim Gruppenleiter also dem Sichernden, denn er ist derjenige, der aufgrund eigener Erfahrung die Technik des Vortsiegs vermittelt; er sollte sich dabei seiner Sorgfaltspflicht sehr bewusst sein.

Das Abseilen
Dem Abseilen bzw. Ablassen kommt beim Hallenklettern höchste Bedeutung zu, da der Kletternde nach Bewältigung einer jeden Route abgelassen wird, also nicht, wie in beim Felsklettern oben aussteigt oder als Sichernder den Nachstieg des unten Stehenden vollzieht.

Um vom Partner gut abgelassen zu werden, muss der Kletternde eine entsprechende Körperhaltung einnehmen; dazu müssen die Beine schulterbreit ausgegrätscht und die Füße auf Hüfthöhe gebracht werden. Der Oberkörper wird leicht nach hinten geneigt, sodass eine sitzende Position eingenommen wird, in der sich der Kletterer, zur Vermeidung schmerzlichen Kontakts mit dem Untergrund, von der Wand abstoßen kann.

Abb. 12: Auf dem Weg nach unten

Das Problem vieler Anfänger besteht im Lösen der Hände von der Wand mit dem verunsichernden Moment, dass er sich ab diesem Zeitpunkt total auf den Sichernden und das Seil verlassen muss. Der Kletterer begibt sich also in eine Situation, die er subjektiv nicht mehr beeinflussen kann. Die Folge ist häufig ein Verharren in der Wand mit scheinbar unüberwindbaren Ängsten. Der Sichernde hat nur noch Einfluss auf den Kletterer über entsprechende Einfühlsamkeit oder eine vorgeschaltete methodische Herangehensweise und zu guter Letzt bleibt dem Kletterer immer noch die Lösung, den Weg nach unten kletternd zurückzulegen, was in jedem Fall sehr viel kräftezehrender ist.

Methodisch wurde von uns erprobt:

a) Das Abseilen zunächst aus geringer Höhe (Wegnahme der Fallangst) an einem vorher ausgemachten Punkt innerhalb der Kletterroute.

b) „Die Tarzanschaukel": Eine Kletterwand (Rehawand), die über eine Hydraulik mit der Hallenwand verbunden ist, wird im oberen Teil in einen starken Überhang gebracht, sodass der Kletterer weder herunterklettern noch sich lange halten kann, da die Anziehungskräfte zu stark wirken. Wichtig ist, das anschließende Schaukeln und nicht den eigentlich intendierten Zweck in den Vordergrund zu stellen, da dies zu einer übermäßigen Angst führen würde. Der spielerische Charakter dieser Übung überträgt sich unbewusst in das weiterführende Klettern und überzeugt den unsicheren Kletterer von der Sicherheit, die ihm Material und Sichernder geben können.

c) Das Klettern im Doppelpack: Die von uns zunächst für Rollstuhlfahrer entwickelte Klettertechnik lässt sich auch bei stark unsicheren bzw. verängstigten Kletterern einsetzen, da hier die körperliche Nähe zum Mitkletterer ein Moment der Sicherheit mit sich bringt. Da beide Kletterer relativ nah beieinander an ein Seil eingeknotet sind, können Bewegungen geführt und vom Unteren kontrolliert werden. Zudem wird ein Herabrutschen an der Wand während des Abseilens vermieden.

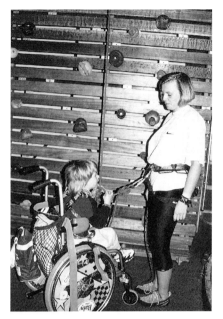

Abb. 13 -19: Klettern im Doppelpack – gemeinsam in ein Seil eingeknotet, geht`s aus dem Rollstuhl nach oben und wieder zurück.

> Hervorzuheben ist an diesem Punkt die Freiwilligkeit des Kletterers; dieser muss frei entscheiden können, ob er sich in eine für ihn neue und verunsichernde Situation begibt oder nicht; jeder von außen herbeigeführte Zwang führt lediglich zur inneren Blockade. Inwieweit ein Teilnehmer sich auf das Klettern einlässt, hängt ganz entscheidend vom Gruppenleiter bzw. Sichernden und dessen Einfühlungsvermögen ab. Sollten mehrere sichernde Personen zur Verfügung stehen, sollte sich der Kletterer von sich aus für einen entscheiden, denn zumeist sucht er denjenigen heraus, der ihm persönlich am meisten Sicherheit gibt.

2.2.3 Zur Technik des Bergwanderns

Nachdem das Feld des Sportkletterns im vorherigen Kapitel einführend theoretisch umrissen wurde, sollen nun grundlegende Gedanken zum Bergwandern angestellt werden.

Die äußere Form einer Wanderung und damit die Zielvorgabe besagt im vorherein schon einiges über zu erwartende Ansprüche an die Wandergruppe, denn die Gebirgslandschaft bietet unterschiedlichste Möglichkeiten, sodass dem Erlebnisreichtum keine Grenzen gesetzt sind und eine Mischung aller Fassetten des alpinen Raums zur Motivation beiträgt. Neben den klassischen Gipfelzielen mit zahlreichen Routenvarianten lassen sich die folgenden Möglichkeiten auflisten:

- *Almwanderungen* bieten eine voralpine Abstufung zu den hohen Zielen und vermitteln einen Einblick in Lebens- und Arbeitsräume der jeweiligen Region.

- *Klammwanderungen* bezeichnet man als Durchquerung einer Klamm (enge Schlucht, durch die zumeist ein reißender Bergbach führt); sie ist vom Erlebniswert sehr hoch einzustufen, da auf engstem Raum sehr viel optische und akustische Aktionen stattfinden.

- *Höhenwege* verbinden zahlreiche Hütten miteinander und sind oft so angelegt, dass sie einen Panoramablick bieten.

- *Klettersteige* reichen von der einfachen Überwindung kleinerer Felsformationen bis hin zum schwierigsten Klettern. Klettersteige bieten das Erlebnismoment der Spannung. Die Überwindung von Klettersteigen stellt ein

Höchstmaß an Anforderung an die Wahrnehmungsleistung in unterschiedlichsten Bereichen.

- *Hüttenwanderungen* können so angelegt sein, dass Hütten als Zielpunkte einer Wanderung genutzt werden oder aber als Basispunkte für weitere Unternehmungen in dem jeweils umliegenden Gebiet. Des Weiteren können bei entsprechender Ausrüstung Mehrtagestouren zu unterschiedlichen, durch Höhenwege verbundenen Hütten unternommen werden.

Zu Beginn einer jeden Unternehmung – ob bestehend aus Einzelwanderungen oder einer Mehrtagestour – muss die so genannte *Tourenplanung* stehen, in der man sich sowohl großräumig mit dem Wandergebiet als auch im Detail mit den zu begehenden Strecken auseinander setzt. Dementsprechend sollten Wanderführer und Wanderkarten vorliegen, anhand derer sich der Wanderer bzw. der Gruppenleiter in den zu erwartenden Verlauf einarbeiten kann. Sollte vor Ort kein ansässiger Wanderführer in Anspruch genommen werden, ist eine grundsätzliche Kenntnis des Wandergebiets unabdingbar (betrifft Wegekenntnis, Besonderheiten in Auf- und Abstieg, jahreszeitlich bedingte Wettereinflüsse u. a.). Auf der Basis dieser Vorgabe lässt sich die praktische Umsetzung eines Wanderprojekts in Kapitel 7 nachlesen.

Nach Schädle-Schardt u. a. (1995) lässt sich die **Technik des Bergwanderns** wie folgt aufteilen:

- *Aufwärts und abwärts gehen auf befestigten Wegen*
  Gehört vom Anspruch her zur grundsätzlichsten Bewegungsart in den Bergen und sollte für Neulinge am Berg zur Gewöhnung und eindeutigen Orientierung immer am Beginn stehen. An dieser Stelle sei darauf verwiesen, dass z. B. in den Alpen die meisten Wanderwege farblich markiert sind; die Art und Weise der Markierung wird am Einstieg auf Schildern oder ähnlichen Hinweisen dokumentiert. Ein Tipp: Man sollte diesen Markierungen als Orientierungshilfe folgen und die so vorgezeichneten Wege zur eigenen Sicherheit und im Sinne eines aktiven Naturschutzes nicht verlassen! Trotz allem ist es ratsam, eine Wanderkarte mitzuführen, um die Gewissheit zu haben, sich im Falle des Verlaufens o. Ä. weiterhin orientieren zu können.

- *Aufwärts und abwärts gehen in weglosem Gelände*
  Zu dieser Art des Wanderns zählen alle Geländeformen (Wiesengelände, Geröllhalden, Schrofen usw.), in denen vor allen Dingen eine optische Orientierung erschwert wird, da die Konzentration sich sehr auf die unterschiedlichen

Untergründe richtet. Unwegsames Gelände bedarf einer angepassten Fortbewegung.

Hierzu stellen Schädle-Schardt u. a. (1995, S. 22) fest:
„Grundlegendes zur Gehtechnik:

Jeder Schritt muss bewusst ausgeführt werden.

Die Augen suchen die Trittstellen vorausschauend, d. h. der Blick geht immer einige Schritte voraus.

Die Schrittlänge ist der Körpergröße und der Wegneigung/Steigung angepaßt; je steiler der Aufstieg/Abstieg ist, desto kürzer wird die Schrittlänge, um einen günstigen Einsatz der Beinmuskulatur zu bewirken.

Im Auf- und Abstieg alle Möglichkeiten hinsichtlich kleiner Hub- und Fallhöhen des Körpers ausnutzen, was weniger anstrengt.

Der Schuh wird immer mit der ganzen Schuhsohle aufgesetzt, um eine möglichst große Reibungsfläche zu erhalten. Dadurch wird ein Ausrutschen nach hinten oder vorne vermieden.

Das Körpergewicht wird immer auf das jeweilige Standbein verlagert, um ständig im Gleichgewicht zu bleiben.

Gleichbleibender Geh- und Atemrhythmus sind selbstverständlich (‚Laufen ohne Schnaufen')."

- *Gehen im Auf- und Abstieg im Grasgelände*
  Besondere Schwierigkeiten ergeben sich in dieser Geländeform durch witterungsbedingte Einflüsse, wie beispielsweise Morgentau, der auf der Grasoberfläche eine nicht unerhebliche Rutschwirkung erzeugt. Je steiler das Grasgelände ist, desto wichtiger wird das Aufsetzen der ganzen Fußsohle und der Übergang zum Übersetzschritt; das bedeutet, dass das talwärts gerichtete Bein über das zum Berg gerichtete Bein gesetzt wird und der Körperschwerpunkt zum Berg zeigt.

- *Auf- und Abstieg im Schrofengelände*
  Als Schrofengelände bezeichnet man Grasgelände, das von Felsbrocken und Steinen durchsetzt ist. Die im Gelände eingelagerten Steine und Felsen können als Trittunterlage genutzt werden, wobei absolute Vorsicht angezeigt ist,

da nicht in jedem Fall von einer totalen Bodenhaftung des Untergrundes ausgegangen werden kann.

- *Auf- und Abstieg in Geröll- und Blockfeldern*
  Als Geröllhalden bezeichnet man eine größere Ansammlung an Gesteinschutt, während Blockfelder durch zusammengehäufte, große Steinblöcke gebildet werden. Beide Geländeformen sind zumeist oberhalb der Baumgrenze angesiedelt und bedürfen während der Begehung höchster Aufmerksamkeit, da unbedachte Bewegungen schnell eine starke Eigendynamik nach sich ziehen können. Geröll- und Blockfelder stellen höchste Ansprüche an unterschiedlichste Wahrnehmungsbereiche und ihre Umwanderung ist für die vorliegende Zielgruppe mehr als ratsam.

- *Auf- und Abstieg im Firn*
  Als Firn bezeichnet man Schnee- und Altschneefelder, deren Besonderheit in der Strukturänderung des Untergrundes, bedingt durch tageszeitlich abhängige Temperaturschwankungen besteht. Das bedeutet, dass nach Nachtfrösten der Härtegrad und damit die Rutschgefahr zunimmt, während die Tageserwärmung eine Aufweichung nach sich zieht und damit eine Begehung erleichtert, indem man mit den Füßen und bei entsprechendem Schuhwerk Stufen oder Vertiefungen eintreten kann. Auch diese Geländeform ist mit der betreffenden Zielgruppe mit absoluter Vorsicht zu genießen, da der Untergrund zahlreiche Unvorhersehbarkeiten birgt und wie die vorherige Geländeform das vorausschauende Wandern voraussetzt.

Zum Gelingen einer Bergwanderunternehmung trägt nicht nur die Kenntnis unterschiedlichster Geländeformen und entsprechender Bewegungsabläufe bei, sondern es sollten gewisse **Verhaltensmaßregeln am Berg** und deren Einhaltung zu Grunde gelegt sein:

- *Ausrüstung*
  Eine den Bergen angemessene Ausrüstung gilt als unabdingbar, da erst durch sie ein Gelingen einer Unternehmung gewährleistet wird und sie sowohl zur Sicherheit als auch zur Motivationssteigerung beiträgt („Jetzt sehe ich aus wie ein richtiger Bergsteiger!", Zitat eines Schülers bei der Übergabe von Teleskopwanderstöcken.). Eine Ausrüstungscheckliste für Tageswanderungen findet sich in Kapitel 7.

- *Gehtempo*
  Das Gehtempo richtet sich grundsätzlich nach den physisch schwächeren Mitgliedern einer Gruppe und sollte so gestaltet sein, dass ein gleichmäßiger

Gehrhythmus zu Stande kommt. In der Praxis mit unseren Wandergruppen hat sich herausgestellt, dass bei den meisten die Motivation, einen Berg zu erwandern, an erster Stelle steht und sich ein zu langsames Gehtempo für den ein oder anderen eher störend auswirkt. Dies hatte zur Folge, dass es zu einer Zweiteilung der Gruppe kam. Je nach Zielformulierung vor Beginn der Wanderung wirkte sich das für die langsamere Gruppe nicht frustrierend aus, denn jeder wusste, dass die Gruppe wieder zusammengeführt wird. Andersherum wurde am nächsten Tag aber Wert darauf gelegt, gemeinsam ein Ziel zu erreichen, sodass von Anfang an der Akzent auf Geschlossenheit gesetzt wurde. Auf Grund dessen sollte der Gruppen- bzw. Wanderleiter ein Gespür dafür entwickeln, wo persönliche Grenzen sowohl physischer wie auch sozial-emotionaler Art angesiedelt sind, an welcher Stelle einzelne Teilnehmer eines Motivationsschubes von außen bedürfen, wann die absolute Grenze erreicht ist und wie das Gruppengeschehen vorangebracht werden kann. An dieser Stelle entwickelt sich innerhalb einer (Klein-)Gruppe oft eine gewisse Eigendynamik, die sich für den Einzelnen mitziehend auswirkt.

- *Marschordnung*
Die Marschordnung für eine Gruppe richtet sich wie im vorherigen Punkt nach dem Prinzip „die Langsameren voran" und sollte, je nach Schwierigkeitsgrad des Geländes, möglichst eingehalten werden. Von besonderer Bedeutung ist hier noch, dass sich einer der Wandergruppenleiter am Ende einreiht, um von dort aus den Überblick über die Gruppe zu behalten, Vorgänge zu steuern und koordinierend einzuwirken.

- *Pausengestaltung*
Eine sinnvolle Pausengestaltung richtet sich nach mehreren Faktoren wie Leistungsfähigkeit der Gesamtgruppe oder einzelner Gruppenmitglieder, Art und Länge des Auf- bzw. Abstiegs, Wetterbedingungen, Tageszeit usw. Vorhandene Faustregeln geben zwar durchaus Richtwerte vor, lassen sich aber häufig bei betreffender Zielgruppe nicht einhalten. Wichtig erscheint uns, dass zwar regelmäßige, aber nicht unbedingt allzu häufige Pausen eingelegt werden sollten, denn bisher erwies sich eine allgemeine Drosselung des Gehtempos, aber dafür das Einhalten eines durchgehenden Gehrhythmusses als sinnvoller gegenüber einem ständigen Wechsel von Spannung und Entspannung. Pausen sollten genutzt werden zur Entlastung des Schultergürtels durch Abnehmen des Rucksacks, zur Aufnahme von Flüssigkeit und zum Verzehr leichter Speisen. Die Hauptmahlzeit sollte am Ende der Wanderung liegen.

- *Verhalten bei unterschiedlichsten Wetterlagen*

Vor Beginn einer jeweiligen Wandereinheit sollte auf jeden Fall die Möglichkeit der Wetterabfrage in Anspruch genommen werden, was zwar in den Bergen keine absolute Sicherheit bedeutet, aber zumeist als Planungsgröße einbezogen werden kann. Es ist für jeden Wandergruppenleiter, der sich in den Bergen aufhält, von Wichtigkeit, sich vorher mit Verhaltensmaßregeln schlechte Sicht, Gewitter, Wetterumbruch, Kälte und Schnee betreffend auseinandersetzen und sich mit grundsätzlichen Hilfsmitteln zur Orientierung auszukennen. (Literaturtipp hierzu: Pit Schubert, „Sicherheit und Risiko in Fels und Eis", München 1995). Wir haben unsere Wanderungen in Bezug auf den Punkt Sicherheit meist so angelegt, dass eine Hütte in ergehbarer Nähe lag oder eine schnelle Umkehr möglich war, denn lieber einen vorzeitigen Abbruch einer Wanderung in Kauf nehmen als ein zu hohes Risiko eingehen (gilt besonders bei unklarer Wetterlage!).

2.2.4 Gefahr und Sicherheit beim Klettern und Bergwandern

„Einst waren die Kletterer wilde Gesellen, vom Sturmwind umweht. An Eisenstiften, die kaum ihr Körpergewicht hielten, baumelten sie über den Abgründen der Alpen. Nur Männer mit Bärenkräften konnten den Sturz eines Gefährten halten" (DAV, 1996b, S. 5). Heute ist das Klettern ein Freizeitsport, der, „richtig betrieben, ein ungefährlicher Sport für breite Schichten der Bevölkerung" (ders.) geworden ist. Dessen ungeachtet, ist es immer mit der Gefahr des Absturzens verbunden. Nur eine korrekte und gewissenhaft durchgeführte Seilsicherung kann Verletzungen oder lebensgefährliche Stürze verhindern.

Bei der Durchführung von Kletteraktionen hat die Sicherheit der Teilnehmer oberste Priorität. Deshalb müssen vor Beginn die Risiken weit gehend kalkuliert und ausgeschlossen werden. Eine geeignete Ausrüstung, fachspezifische Kenntnisse, Erfahrungen im Umgang mit der Sicherheitsausrüstung müssen vorhanden sein und Sicherheitstechniken beherrscht werden. Können diese Bedingungen durch die Verantwortlichen nicht erfüllt werden, sollte ein fachkundiger Experte an der Aktion beteiligt werden.

In weiten Kreisen der Gesellschaft wird das Klettern generell als gefährliche Risikosportart eingestuft. Dabei müsste jedoch zwischen den unterschiedlichen Formen des Kletterns unterschieden werden.

Das Klettern im Mittelgebirge und an künstlichen Kletterwänden gilt „als ein relativ sicherer Sport mit sehr geringen Unfallzahlen, wobei die Unfälle allesamt auf ein Fehlverhalten der Kletterer selbst zurückzuführen sind" (Hoffmann & Pohl, 1996, S. 90). So liegen beim Klettern in künstlichen Anlagen lediglich kalkulierbare Risiken vor, die mit der Beachtung und Einhaltung der Sicherheitskriterien ausgeschlossen werden können. Das Verletzungsrisiko beim Klettern im Mittelgebirge ist nach Aussagen des DAV (1996, S. 5) „wesentlich geringer als beim Fußball". Geprüfte Ausrüstungsgegenstände, einbetonierte Sicherheitshaken mit DIN-Norm (Haltekraft ca. 3.000 kg) sorgen für eine verantwortbare Natursportart.

Bei allen Formen des Fels- und Sportkletterns sind nach Untersuchungen des DAV-Sicherheitskreises für ca. 70 % der Unfälle menschliches Versagen und für etwa 10 % die Natur und das Umfeld verantwortlich. Die Gefahren müssen deshalb grundsätzlich in die Kategorien subjektive und objektive Gefahren eingeteilt werden.

Subjektive Gefahren werden durch den Kletterer selbst hervorgerufen. So kann *mangelhafte oder fehlende Erfahrung* zu gefährlichen Situationen führen, wenn die Auswahl des Kletterziels oder der Route die Leistungsfähigkeit überschreitet und nicht am Erfahrungsstand des Kletterers orientiert ist. Um das Klettern sicher auszuüben, sind praktische Erfahrungen unumgänglich. Dafür sollte entweder eine qualifizierte Ausbildung absolviert oder ein erfahrener, kompetenter Partner mit einbezogen werden. Weiterhin birgt ein *unzureichendes technisches Können* Gefahren. Der Kletternde muss über die notwendigen Kenntnisse der Bewegungs- und Sicherheitstechniken verfügen. Außerdem bilden *mangelhafte körperliche Voraussetzungen* eine Gefahrenquelle. Obwohl heutzutage nahezu alle im Handel erhältlichen Ausrüstungsgegenstände genormt sind, ist eine *falsche oder mangelhafte Ausrüstung* als weiteres Risiko aufzuführen. Wichtig ist daher sowohl die Kenntnis über den Einsatz der angemessenen Ausrüstung für die jeweilige Kletteraktion als auch der richtige Umgang mit den Ausrüstungsgegenständen, um Abnutzung, aber auch fehlerhafte Handhabung zu vermeiden. Zuletzt ist das *taktische Fehlverhalten* eine Gefahr für den Kletterer, da durch Stress und Angst, aber auch übermäßige Risikobereitschaft und Leichtsinn Unfallsituationen entstehen können. Um dem entgegenzuwirken, ist immer eine fundierte fachspezifische Ausbildung und eine sorgfältige Nachbetrachtung der kritischen Situationen erforderlich.

Objektive Gefahren werden hingegen durch die Natur und das Umfeld verursacht und betreffen in erster Linie das Klettern im Gebirge. Viele Gefahren entstehen durch die Witterungsverhältnisse. So ist das *Wetter* mit all seinen Erscheinungsformen für die Sicherheit von Bedeutung. *Sonne und Hitze* bergen Gefahren für den Kletterer. Die in größeren Höhen verstärkte UV-Strahlung kann ohne entsprechende Sonnenschutzmaßnahmen zu starken Verbrennungen der Haut führen. Gegen die Gefahr des Hitzschlags muss eine Kopfbedeckung getragen werden. Zudem ist, trotz dem in größeren Höhen mangelnden Durstgefühl, für ausreichend Flüssigkeit zu sorgen. Darüber hinaus können durch *Kälte, Nässe, Schneefall, Wind, Gewitter und Sturm* witterungsbedingte Gefahrensituationen entstehen. Gegen Kälte und Nässe ist sich durch eine entsprechende Kleidung zu schützen. Ein nasser, rutschiger Untergrund kann eine sonst einfache Route zu einem gefährlichen Unterfangen werden lassen. Wichtig sind auch Kenntnisse der Verhaltensregeln bei Gewitter. Außerdem kann durch fehlerhafte Vorbereitung und Planung, unvorhersehbare Zwischenfälle oder bei zu langen Touren die Gruppe von *Dunkelheit* überrascht werden. Zuletzt ist die im Gebirge sehr häufige Gefahr des *Steinschlags* zu nennen. Steinschlag wird in den meisten Fälle durch unaufmerksames Klettern verursacht, kann aber auch durch Frostsprengungen, durch Auswaschung bei starkem Regen, Sonneneinstrahlung auf Firn und Eisfeldern entstehen (vgl. Hoffmann & Pohl, 1996, S. 90f.; Stückl & Sojer, 1996, S. 173f.).

Um ein Höchstmaß an Sicherheit zu gewährleisten, ist sowohl die Sicherheitsausrüstung als auch der absolut sachgerechte Umgang mit derselben von entscheidender Bedeutung für ein befriedigendes Kletterlebnis. Aber da Informationen hierzu in anderen Werken in mannigfaltiger Weise und sehr detailliert vorliegen und eine weitere schriftliche Niederlegung somit nicht vonnöten erscheint und immer nur theoretischen Charakter haben kann, der in der Praxis meist nur wenig weiterhilft, sei auch an dieser Stelle wie schon vorher auf die Praktiker und Anwender in Kletterzentren und des Alpenvereins verwiesen.

Wie beim Klettern hängt die Sicherheit beim Bergwandern ganz entscheidend mit der umfänglichen Vorbereitung, welche die Tourenwahl, die Materialzusammenstellung wie die tagesaktuelle Informationsbeschaffung (Wettervorhersage, Wegezustand) beinhaltet, zusammen. Gefahrenquellen ergeben sich zumeist aus einer unzureichenden Gebiets- bzw. Wegekenntnis, der Selbstüberschätzung sowie Missachtung grundlegender alpiner Regeln und Hinweise.

Deshalb gilt:
- Auswahl des Tourenziels mit besonderer Sorgfalt im Hinblick auf Schwierigkeit, Gefährdung und Frequentierung.
  Abgestimmt darauf, sind von besonderer Bedeutung:
    - Die körperliche Leistungsfähigkeit und Ausdauer;
    - der Akklimatisierungszustand;
    - die alpintechnischen Fähigkeiten;

die Ziele und Motivation/Konzentration.
- Möglichst weit gehende Einführung der Teilnehmer in Tourenverlauf und Schwierigkeiten.
- Vorherige Vereinbarung von Sammel- bzw. Treffpunkten für den Fall, dass sich die Wandergruppe auseinander zieht.
- Gruppenführender und Schlussmann werden festgelegt.
- Wichtige Verhaltensmaßnahmen, auch für unvorhersehbare Zwischenfälle, werden abgesprochen (das Beachten von Wegweisern, sich nie alleine von der Gruppe entfernen).
- Regelmäßige Überprüfung der Vollzähligkeit.

Die genannten Punkte beziehen sich auf Wanderaktionen mit bzw. in Gruppen und sind als absolut grundlegend zu verstehen. Um Gefahren weit gehend auszuschließen, müssen weitere Grundlagen geschaffen und eingehalten werden:
- Kenntnisse der Bewegungstechnik.
- Angepasste Zusammenstellung von Ausrüstung und Bekleidung (s. Kap. 7).
- Bergwandertaktik (z.B. Pausen, Gehtempo, Aufwärmen etc.).
- Verhalten in Notfällen.
- Wetterkunde.
- Orientierung (z.B. Kartenlesen, Umgang mit Kompass usw.).

Um sich weitergehend mit dieser Thematik auseinander zu setzen, sei in diesem Zusammenhang auf den „Alpin-Lehrplan 1, Bergwandern/Trekking" vom Deutschen Alpenverein (1996a) oder das „Handbuch für das Bergwandern, ..." von Schädle-Schardt u. a. (1995) verwiesen.

3 Die Zielgruppe (Brück)

Für die Planung und Durchführung erlebnisorientierter Maßnahmen sind hinreichende Kenntnisse über die Zielgruppe erforderlich. Daher sollen im Folgenden die den Personenkreis geistig behinderter Menschen betreffenden Aspekte erläutert werden.

3.1 Der Personenkreis geistig behinderter Menschen

Jeder Versuch, das Phänomen der geistigen Behinderung wissenschaftlich aufzuklären, wird dadurch erschwert, dass meist Aussagen über geistig behinderte Menschen vorzufinden sind. Dadurch werden sie zu Objekten wissenschaftlicher Betrachtungen und Erklärungen. Darüber, dass geistig behinderte Menschen zu reflexiven Prozessen in der Lage sind, besteht kein Zweifel. Es zeigt sich vielmehr das Problem, dass sie die Ergebnisse ihrer Selbstreflexion an Außenstehende nur schwer vermitteln können. Viele der verallgemeinernden Beschreibungsversuche über geistig behinderte Menschen sind somit unter Vorbehalt zu sehen, da sie lediglich die Ansichten des Betrachters widerspiegeln (vgl. Speck, 1993, S. 39f.).

Der folgende Versuch, den Personenkreis geistig behinderter Menschen zu bestimmen, geschieht mit der Überzeugung von menschlicher Gleichwertigkeit, ungeachtet der Vielzahl möglicher individueller Merkmale und Fähigkeiten und mit dem Bewusstsein für die Problematik einer Klassifizierung von Menschen. Bei genauer Betrachtung stellt sich heraus, dass der Personenkreis, der mit dem Etikett geistige Behinderung versehen wird, sehr heterogen ist. Sowohl in Bezug auf die Ursachen der Behinderung als auch auf deren Auswirkungen findet sich eine Vielzahl von Möglichkeiten. Zum einen besteht Unklarheit darüber, worin die Behinderung bei einem Menschen zum Ausdruck kommt, zum anderen fällt eine eindeutige Abgrenzung geistiger Behinderung zu anderen Behinderungsarten oder nichtbehinderten Menschen schwer. Hinzu tritt das Problem, dass auch geistig behinderte Menschen dem ständigen Prozess eines individuellen Lebens unterliegen, „in dem das Individuum lebenslange Veränderungen durchmacht" (Eggert, 1997, S. 64) und sich so einer eindeutigen Festlegung entziehen. Zur Beschreibung geistig behinderter Menschen wird oftmals auf die Definition des Deutschen Bildungsrates (1974, S. 37 in: Mühl, 1997, S. 20) zurückgegriffen. Demnach gilt als geistig behindert, „wer ... in seiner psychischen Gesamtentwicklung und seiner Lernfähigkeit so sehr beeinträchtigt ist, daß er voraussichtlich lebenslanger, sozialer und pädagogischer Hilfen bedarf. Mit den kognitiven

Beeinträchtigungen gehen solche der sprachlichen, sozialen, emotionalen und der motorischen Entwicklung einher".

Das Phänomen der geistigen Behinderung lässt sich aus verschiedenen fachspezifischen Blickwinkeln betrachten.

3.1.1 Medizinische Aspekte

Aus medizinischer Sicht liegt geistiger Behinderung eine Fülle pathologischer Faktoren zu Grunde. Von zentraler Bedeutung gilt die Schädigung des Gehirns, die für die Beeinträchtigung verschiedener Körperfunktionen verantwortlich ist. Die vielfältigen körperlichen Erscheinungsformen und unterschiedlichen Ursachen machen es schwer, eine Ordnung zu finden. Um geistige Behinderung nicht als bloße medizinische Anschauungsform zu verstehen, sondern als komplexes Phänomen darzustellen, wurde die Vielzahl klinischer Syndrome, d. h. regelhafte Kombinationen bestimmter pathologischer Symptome, nach ihren Entstehungsphasen eingeteilt. Man orientiert sich hierbei zum einen an den Erscheinungsbildern, zum anderen an der Genese der verschiedenen Krankheits- und Störungsbilder. Die medizinische Bestimmung geistiger Behinderung gewinnt damit im Vergleich zum Begriffsmuster der „Oligophrenie", einem veralteten „Begriff für alle Ausprägungsgrade angeborenen oder früh erworbenen Intelligenzmangels" (Boss, 1995, S. 1270 in: Eggert, 1997, S. 52), an Genauigkeit. Zudem ist der Wert der Informationen seitens der Ärzte für die Angehörigen größer, wenn spezielle Krankheits- und Störungsbilder angeführt werden.

Des Weiteren wird nach dem Zeitpunkt des Einwirkens exogener Ursachen geistiger Behinderung, d. h. schädigender Einflüsse, die von außen auf den Menschen Einfluss nehmen, in prä-, peri- und postnatale Schädigungsformen unterteilt. Pränatale Formen, wie z.B. Fehlentwicklungen des Nervensystems, sind vorgeburtliche Schädigungsformen. Perinatale Formen betreffen schädigende Einflüsse während der Geburt, wie z. B. Geburtstraumata, durch die Gehirnteile verletzt werden. Postnatale Formen beziehen sich auf nachgeburtliche Schädigungen, wie z. B. entzündliche Erkrankungen des Zentralnervensystems. Dazu können auch psychiatrische Störungen im engeren Sinne als Ursachen für Autismus oder Psychosen und zusätzliche Störungen, wie z. B. zerebrale Bewegungsstörungen, als eigene Kategorie auftreten. Endogene Ursachen sind auf die Vererbung geistiger Behinderungen bezogen. Ihnen wird mittlerweile weniger Bedeutung beigemessen. So haben beispielsweise Untersuchungen ergeben, dass nur etwa 5-7 % aller auftretenden geistigen Behinderungen erblich sind (vgl. Speck, 1993, S. 45f.).

3.1.2 Psychologische Aspekte

In der Psychologie stand lange Zeit die Verminderung der Intelligenz für die Bestimmung geistiger Behinderung im Vordergrund. Die Ausprägung der Intelligenz wurde mit Hilfe des Intelligenztestverfahrens gemessen und durch das Intelligenzalter und den entsprechenden Intelligenzrückstand zum Ausdruck gebracht. Später konnte durch den Intelligenzquotienten (IQ) eine „allgemein gültige" Intelligenz gemessen werden, die als eine gleich bleibende Größe des Individuums galt. Geistige Behinderung wurde dieser verallgemeinernden Ansicht zugeordnet, indem ein IQ-Wert unterhalb von 70 als Imbezillität (Schwachsinn) bezeichnet wurde.

Obwohl in der heutigen Zeit Intelligenztestverfahren umstritten sind, ist der IQ-Wert nach wie vor ausschlaggebendes Kriterium vieler Beschreibungen geistiger Behinderung. So gelten die vier Stufen der geistigen Behinderung von der American Association of Mental Deficiency (AAMD) als klassische Definition: „Geistige Retardierung bezieht sich auf signifikante unterdurchschnittliche Allgemeinintelligenz, die fortlaufend mit Defiziten im adaptiven Verhalten vorkommt und während der Entwicklungsperiode bestehen bleibt" (Speck, 1993, S. 47).

Intelligenzleistungen sind als unterdurchschnittlich zu bewerten, wenn sie zwei Standardabweichungen unter dem Mittelwert liegen. Das Klassifikationsschema mithilfe der Standardabweichungen erscheint jedoch nicht ganz eindeutig, da bei Bach (1995) eine Grenze zur Lernbehinderung bei einem IQ-Wert unterhalb von 55/60 vorzufinden ist und beim Deutschen Bildungsrat (1973) bei drei Standardabweichungen unter dem Mittelwert liegt, was sich noch weiter unter dem von Bach angegebenen Wert befindet.

Zusammenfassend kann festgestellt werden, dass Angaben über IQ-Werte immer nur eine Orientierungsfunktion haben sollten. Zudem ist die bloße Zuordnung zu einer bestimmten Intelligenzstufe unbedeutend, solange kein pädagogisch-sozialer Bezug hergestellt wird und die geeignete Institution der Förderung und Hilfe davon abgeleitet werden kann. Hierzu sind IQ-Tests, vor allem bei Menschen mit schwerer geistiger Behinderung, nahezu ungeeignet, da bei ihnen Probleme der Testbarkeit bestehen. Oftmals sind besonders bei schwerstmehrfach behinderten Menschen die zur Durchführung des Tests notwendigen Fähigkeiten eingeschränkt. Da von Seiten der Sonderschulpädagogik zunehmend von klassifizierenden Zuschreibungen Abstand genommen wird, ist in diesem Bereich ein verringertes Interesse an der Durchführung von IQ-Tests zu verzeichnen (vgl. Speck, 1993, S. 47f.).

3.1.3 Soziologische Aspekte

Aus der Sicht der Soziologie ist die umgebende Gesellschaft zum großen Teil mit verantwortlich für das Auftreten geistiger Behinderung. So scheint es z. B. bei „schweren sozialen (sensomotorischen) Deprivationen" (Speck, 1993, S. 50) der Fall zu sein, bei der eine altersgemäße Entwicklung stark behindert und ein Zurückbleiben hervorgerufen wird. In frühen Untersuchungen wurde erstmalig eine relativ hohe Quote von 22,4 % der geistig behinderten Kinder aus sozial schwachen Schichten ermittelt, wobei jedoch die Gültigkeit dieser Werte auf Grund der zufälligen Population und der nicht repräsentativen Stichproben eingeschränkt werden musste. Weitere Untersuchungen von Liepmann (1979, S. 71 in: Speck, 1993, S. 52) zeigten, dass es deutliche Hinweise für eine stärkere Belastung der Unterschichtfamilien mit geistig behinderten Kindern gibt. Seine Untersuchung ergab, „daß geistig behinderte Kinder überzufällig häufiger der unteren Sozialschicht bzw. Arbeiterklasse" (ders.) angehören.

Auf weitere Untersuchungsergebnisse soll im Rahmen dieses Kapitels nicht eingegangen werden. Durch die Tatsache, dass retardierende Bedingungen einer sozial anregungsarmen Umwelt zu leichten Formen geistiger Behinderung führen und dass eine höhere Belastung bei unteren sozialen Schichten zu finden ist, lässt sich ein Zusammenhang zwischen sozialer Schichtzugehörigkeit und der Entstehung geistiger Behinderung vermuten (vgl. Speck, 1993, S. 50f.).

3.1.4 Sonderpädagogische Aspekte

In der Sonderpädagogik bedarf es einer eigenen Definition geistiger Behinderung. Dabei kommen sowohl organisch-pathologische Gesichtspunkte, die individuelle Befindlichkeit sowie soziale Bedingungen zum Tragen, als auch die Berücksichtigung von erzieherischer Hilfe und Förderung. Die Erziehung bewegt sich dabei zwischen gesellschaftlich bedingten Bildungsaufträgen und der speziellen Erziehungsbedürftigkeit des Einzelnen. Von besonderer Relevanz für die Definition geistig behinderter Menschen kann auch der Bezug zur entsprechenden schulpädagogischen Institution sein. Demnach gelten nach Bach (1995, S. 1) diejenigen als geistig behindert, „welche wegen der Schwere ihrer intellektuellen Beeinträchtigung eine Sonderschule für Lernbehinderte (Hilfsschule) nicht mit ausreichendem Erfolg besuchen könnten, die jedoch zu sinnvoller Tätigkeit und ausreichender Einordnung zu führen sind". Das zentrale Kriterium für eine Zuordnung zur geistigen Behinderung ist hier also das Scheitern in der Schule für Lernbehinderte. Die Unterscheidung zwischen geistiger Behinderung und Lernbehinderung erscheint damit besonders wichtig, obwohl beide Begriffe nicht klar zuzuordnen sind. *Lernbehinderung* „im engeren Sinne" wird einerseits durch eine deutlich verminderte Intelligenzleistung, die dem IQ-Bereich von 55/60-70/75 entspricht, andererseits durch Schulversagen und starke Abweichungen im Sozialverhalten definiert. Hinzu kommen die „generalisierten Lernstörungen" (Speck, 1993, S. 57).

Zusammenfassend ist festzustellen, dass geistige Behinderungen in unterschiedlichen Graden auftreten und dass es fließende Übergänge „zum Bereich der übermäßigen Pflegebedürftigkeit wie zum Bereich der Lernbehinderung gibt" (Bach, 1995, S. 1). Auf die Schulpraxis bezogen, ist in Grenz- und Übergangsbereichen zwischen geistiger Behinderung und Lernbehinderung flexibel zu entscheiden. An dieser Stelle sollte noch einmal betont werden, dass die Zugehörigkeit zu einer Schulform kein ausreichendes Kriterium für das *Vorliegen* einer geistigen Behinderung ist, da immer die Möglichkeit einer falschen Schulzuweisung in Betracht gezogen werden muss (vgl. auch Mühl, 1997, S. 20; Speck, 1993, S. 56f.).

Anhand der genannten Aspekte ist deutlich geworden, dass geistige Behinderung mit der Beeinträchtigung verschiedener Funktionen zusammenhängt, auf die im Folgenden näher eingegangen wird.

3.2 Beeinträchtigte Bereiche

Ursachen und Merkmale einer geistigen Behinderung ergeben nach Kapustin (1983, S. 100) in Verbindung mit sozialen und kulturellen Lebens-, Anregungs- und Erfahrungsbedingungen, „eine nahezu unüberschaubare Vielfalt an Ausprägungen der primären und folgenden Störungen, die, in jeweils individueller Komplexität miteinander verknüpft", jeden geistig Behinderten zum mehrfach Beeinträchtigten werden lassen. Der Entwicklungsprozess spielt im Zusammenhang mit geistiger Behinderung ein zentrale Rolle. Hat man früher die Entwicklung des Menschen vorwiegend durch Reifungs- und Wachstumsprozesse nach bestimmten Gesetzmäßigkeiten erläutert, so besteht in der heutigen Zeit die Auffassung, dass menschliches Verhalten auch über Lern- und Anpassungsprozesse im Umgang mit gegebenen Situationen ermöglicht wird (vgl. Schilling, 1986, S. 3). Im Laufe der Entwicklung müssen vorhandene Funktionen durch die Auseinandersetzung mit der Umwelt zunächst eingeübt und entsprechend den Erfordernissen ausgebildet werden (vgl. ders., 1981, S. 106). Dabei werden lebenswichtige Erfahrungen für die Entwicklung der Persönlichkeit gesammelt.

Geistig behinderte Säuglinge zeigen kurz nach der Geburt im Vergleich zu nichtbehinderten Säuglingen eine „verzögerte Habituierung" (Irmischer, 1981, S. 168). Sie sind weniger im Stande, die für sie unbrauchbaren Informationen zu selektieren und herauszufiltern. Entwicklungsprozesse werden allgemein verzögert und oftmals mangelbehaftet durchlaufen. „Vielfältige Störungen der sensomotorischen Systeme, Reifungsverzögerungen und motivationale Einschränkungen" (Schilling, 1986, S. 5) sorgen für Störungen der Entwicklungs- und Aneignungsprozesse.

Ausgehend von einer Beeinträchtigung der *kognitiven Entwicklung* als zentralen Bereich der allgemeinen Entwicklungsverzögerung sind u. a. der sprachliche, motorische, soziale und emotionale Bereich des geistig behinderten Menschen in Mitleidenschaft gezogen. Zum Zwecke der besseren Überschaubarkeit sollen im Folgenden, ungeachtet einer sonst zu betonenden ganzheitlichen Betrachtung des Menschen, die beeinträchtigten Bereiche im Einzelnen beschrieben werden (vgl. Kapustin, 1983, S. 100f. ; Mühl, 1997, S. 21).

Mit dem Begriff der *Motorik* werden alle Haltungs- und Bewegungsäußerungen des Menschen zusammengefasst. Bewegung bedeutet für das Individuum Kommunikation mit der Umwelt und Erwerb von Handlungsfähigkeiten. Betrachtet man die motorischen Grundeigenschaften von geistig behinderten Kindern, so lässt sich zunächst feststellen, dass diese sich im Vergleich zu normal entwickelten Kindern im Alter von 6-12 Jahren kaum noch unterscheiden. Ihre motorische Entwicklung verläuft nach den gleichen Gesetzmäßigkeiten wie bei nichtbehinderten Kindern. Eine genauere Betrachtung der einzelnen Phasen der Entwicklung geistig behinderter Kinder zeigt jedoch, dass sie auseinander gezogen, stark verzögert, weniger fundiert und weniger ausgiebig als bei nichtbehinderten Kindern sind. Bewegungsbehinderungen und Bewegungsmangel ist in diesem Zusammenhang mit der Beeinträchtigung anderer Bereiche verbunden und führt in der Regel zu vielfältigen Störungen der Persönlichkeit, zu Verhaltensauffälligkeiten, zu Kommunikationsstörungen und emotionaler Beeinträchtigung (vgl. Kiphard, 1981, S. 145; Schilling, 1981, S. 106 f.; 1986, S. 5f.). So zeigen Untersuchungen, dass geistig behinderte Kinder mit motorischen Störungen auch emotionale Störungen aufweisen. In diesem Zusammenhang werden z. B. unbestimmte Ängste festgestellt. Bei einem Kind, „das nur mit Mühe sich selbst und die Umwelt kennenlernt, das stets an die Grenzen seiner Möglichkeiten stößt, das seine Erlebnisse psychomotorisch nicht adäquat ausdrücken kann"

(Schilling, 1986, S. 6), wird eine gestörte Persönlichkeitsentwicklung verstehbar.

Die Fein- und Grobmotorik ist bei geistig behinderten Kindern und Jugendlichen häufig ebenfalls betroffen. Beeinträchtigungen in diesem Bereich sind jedoch lernabhängig und damit förderbar und von Störungen der motorischen Entwicklung zu unterscheiden, da diese in Verbindung mit Hirnschädigungen gesehen werden müssen (vgl. Mühl, 1997, S. 23).

Auf dem Hintergrund der kognitiven Beeinträchtigung kann von einer Störung im Bereich der **Wahrnehmung** ausgegangen werden, da er hohe kognitive Anteile aufweist. Eine Störung der Wahrnehmung darf nicht selbstverständlich mit einer Schädigung der Sinnesorgane gleichgesetzt werden, sondern ist vielmehr als „reduzierte Fähigkeit, sinnlich gegebene Informationen in ihrem Bedeutungsgehalt zu entschlüsseln" (Mühl, 1997, S. 23) zu verstehen. Die Wahrnehmung und der Prozess der Deutung über die Sinnesorgane aufgenommener Informationen ist nicht mit der Geburt vorhanden, sondern muss im Laufe der Entwicklung erlernt werden. Deshalb sollte zwischen Wahrnehmungsstörungen, die durch Hirnschädigungen verursacht werden und solchen, die nicht auf eine Leistungsschwäche des Gehirns zurückzuführen sind, unterschieden werden (vgl. Mühl, 1997, S. 23).

Im Bereich der **Sprache** ist ebenfalls ein Zusammenhang mit der beeinträchtigten kognitiven Entwicklung zu sehen. Häufig ist bei geistig behinderten Kindern ein stark verspätetes Eintreten und ein unregelmäßiger Verlauf der Sprachentwicklung zu verzeichnen. In der Phase des Spracherwerbs treten Probleme in Bezug auf das Erlernen von Wortbedeutungen und dem Gebrauch von grammatischen Regeln auf. Daraus ergibt sich eine Beeinträchtigung des sozialen Lernens als Aspekt geistiger Behinderung, da auf der sprachlich-kommunikativen Ebene ebenfalls Schwierigkeiten bestehen können (vgl. Mühl, 1997, S. 23).

Der Prozess der Sozialisation erfordert das Erlernen komplexer Kommunikationsmechanismen und **sozialer Kompetenzen**. Die Persönlichkeitsstruktur eines Erwachsenen wird maßgeblich durch das Erlernen von Verhaltensweisen bestimmt, die durch Kommunikation im Laufe der Entwicklung herausgebildet werden. In vielen Definitionen geistiger Behinderung wird die unzureichende Ausprägung sozialer Anpassung und sozialer Kompetenzen in den Mittelpunkt gestellt. Ein wichtiger Bereich der sozialen Kompetenz ist die Fähigkeit zur sozialen Integration, die bei geistig behinderten Menschen häufig beeinträchtigt sein kann. Geistige Behinderung wird nicht nur durch eine verminderte Intelligenz gekennzeichnet, sondern ist „u.a. auf eine unzureichende strukturelle Passung subjektiver und objektiver Elemente zurückzuführen" (Mühl, 1997, S. 24). Auf den Alltag des geistig behinderten Menschen bezogen, ergibt sich eine verminderte Erlebens- und Handlungsfähigkeit, die wiederum mit Einschränkungen der Teilnahme am gesellschaftlichen Leben verbunden ist. Es ist die Aufgabe der Erzieher geistig behinderter Kinder und Jugendlicher, die besten Möglichkeiten der Förderung zu finden, um diese „elementare Blockierungen des Handelns und Denkens" (Speck, 1993, S. 59) zu überwinden (vgl. auch Schilling, 1981, S. 106; Mühl, 1997, S. 24f.).

Nach der Betrachtung der einzelnen Entwicklungsbereiche geistig behinderter Menschen ist abschließend festzustellen, dass mit Hilfe eines verstärkten und frühzeitig einsetzenden Reizangebots, Lernprozesse in sensorischen, motorischen, emotionalen, sozialen und kognitiven Persönlichkeitsbereichen angestrebt werden können, um damit vielseitige Möglichkeiten für eine Auseinandersetzung mit der Umwelt anzubieten.

4 Die Fotoecke – Klettern, im Bild festgehalten (Luthe)

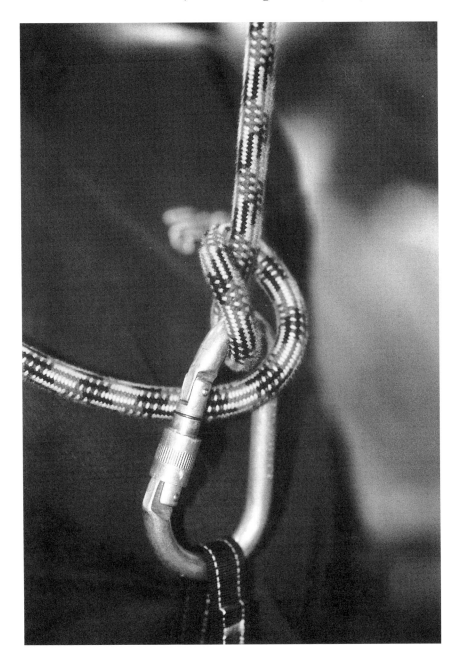

Abb.20 – 22: Vom Knoten zur Sicherungstechnik – „der Halbmastwurf"

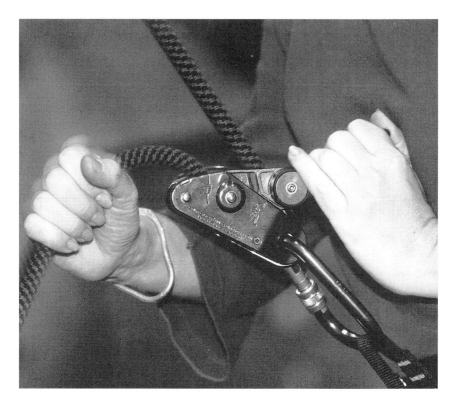

Abb. 23: Das Grigri im Einsatz

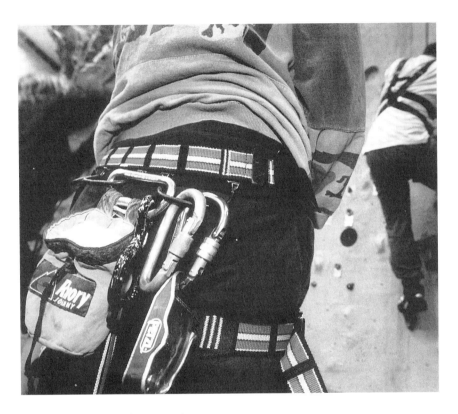

Abb. 24: Materialbehängter Klettergurt

Abb. 25: „Na, wie habe ich das hingekriegt?" – Der Doppelachter in Eigenausführung mit Gegensicherung

Abb. 26: Blindes Bouldern mit Führung

Abb. 27: Volle Konzentration auf den nächsten Schritt

Abb. 28 und 29: Die Tarzanschaukel – ein spannungsgeladenes Erlebnis

Abb. 30: Staffelklettern an der so genannten „Rehawand"

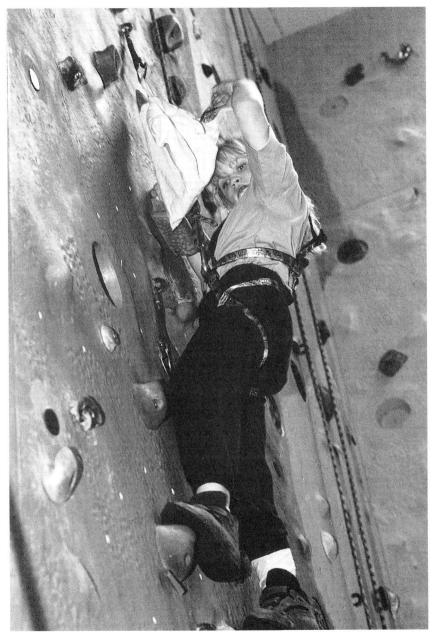

Abb. 31 und 32: Säckchenklettern – die Suche nach dem verborgenen Schatz

Abb. 33 und 34: Die Himmelsleiter – ein wackeliger Weg nach oben

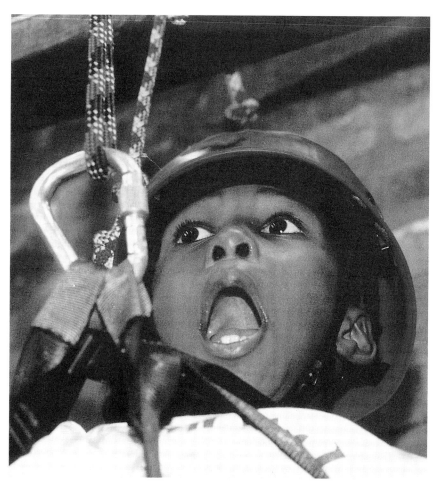

Abb. 35: Im Gesicht eines Kletterers steht der Schreck des Loslassens,

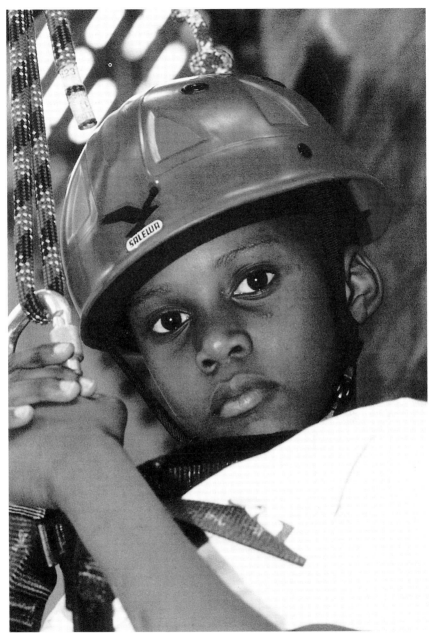

Abb. 36: ...aber auch die gesicherte Entspannung danach.

Abb. 37: Auf der Suche nach dem Weg

5 Die pädagogische Relevanz des Kletterns (Cordas, Lücking, Boecker)

Die pädagogische Bedeutung des Kletterns ist sehr viel breiter gefächert, als es zunächst den Anschein macht. Vordergründig kann man die Beliebtheit der relativ jungen Sportart des Sportkletterns damit begründen, dass man den Bedürfnissen unserer modernen Gesellschaft nach Freiheit, Unabhängigkeit, Abenteuer, kalkulierbarem Risiko und individueller Grenzerfahrung nachkommt. Blickt man jedoch weiter, so ergeben sich gerade im Hinblick auf unsere Zielgruppe sehr viel weiter greifende Begründungszusammenhänge.

Als erster Punkt kann hier aufgeführt werden, dass es sich beim Klettern um eine offene Fertigkeit handelt. Offene Fertigkeit bedeutet, dass es keine vereinheitlichte Bewegungsumschreibung zur Bewältigung einer bestimmten Situation gibt; im Gegensatz hierzu steht die geschlossene Fertigkeit, wie etwa die Hochsprungbewegung. Der Kletterer muss also demnach situationsangepasst, seinen individuellen Voraussetzungen entsprechend, handeln. D. h., dass er divergierende bis experimentelle Gestaltungsmöglichkeiten für eine Kletterbewegungsausführung zur Verfügung hat. Folglich stehen Eigeninitiative und Eigenständigkeit vor der Fremdbestimmung von außen im Vordergrund.

„Im Gegensatz zu den allermeisten ‚anerkannten' Sportarten gibt es beim Klettern keine objektiven Maßstäbe, nach denen eine Leistung mit Meterstab oder Stoppuhr gemessen werden kann" (Güllich & Kubin, 1987, S. 18). Folglich ist jeder, auch der behinderte Kletterer, befreit von jeder normierten Zielvorgabe und dem daraus resultierenden Leistungsdruck. Hinzu kommt: „Klettern braucht keine grundsätzlichen Voraussetzungen" (Glowacz & Pohl, 1996, S. 18). Dieser Erkenntnis zufolge, ergibt sich eine extreme Motivation daraus, dass jeder mit der Aufnahme der Tätigkeit bereits über das Anfängerstadium hinaus ist und sich der Gruppe der Kletterer zugehörig fühlen kann. Es steht also nicht im Vordergrund, ein vorgegebenes Maximum erreichen zu müssen, sondern vielmehr die individuell erreichbaren Ziele in den Mittelpunkt zu stellen, sodass jedweder Leistungsdruck genommen werden kann und das freie und ungehemmte Kennenlernen persönlicher Grenzen intentional verfolgt wird.

Das Klettern ermöglicht einen hohen Grad an emotionaler und persönlichkeitsfördernder Stabilisierung. Der Kletterer muss im Kampf gegen die Schwerkraft fortlaufend ausgleichen, kontrollieren und reagieren; er muss in sich hineinhorchen, tief in sich hineinfühlen und innere Prozesse wahrnehmen. Diese intensive Auseinandersetzung mit dem eigenen Körper ist für unsere Zielgruppe von eminenter Relevanz, da hierdurch ein neues bzw. verändertes Körperbild aufgebaut werden kann, denn trotz verschiedenster Defizite kann jeder für sich etwas Besonderes leisten. Diese Eigenerfahrung trägt entscheidend zur Verbesserung des Selbstwertgefühls bei. Die Verschiebung der Perspektive durch das Erreichen von nicht für möglich gehaltenen Höhen, die Sichtweise von oben herab also, kann jeder Teilnehmer erreichen und zwar aus eigenem Antrieb und eigener Kraft. Klettern bietet ihnen angst-, schwindelerregende und wagnishafte Momente, mit denen sie sich selbst, spontan und konkret, auseinander setzen können und für deren Bewältigung keine Lösungen vorgegeben werden sollen und müssen.

Klettern als typische Abenteuersportart zieht vor allem Kinder und Jugendliche an. Die Abenteuerlust, ein natürliches Bedürfnis, kann im Alltag nicht ausreichend befriedigt werden. Der technische und industrielle Fortschritt schließt Unsicherheitsfaktoren, Risiken und Gefahren aus dem alltäglichen Leben aus. Gleiches gilt für unsere Zielgruppe, wobei solche Aspekte wie Überbehütung, Übertherapierung oder Helfersyndrom hinzukommen mit der Folge, dass dem behinderten Menschen solche Wagnisse nicht zugetraut und somit vorenthalten werden. Das Klettern, ob in Schule, im Verein oder in der Freizeitgruppe, bezweckt, dass Kinder und Jugendliche ihrem Bedürfnis nach Abenteuer, Risiko und Spannung nachgehen können.

Das Klettern fördert die ganzheitliche körperliche Entwicklung. Neben sportmotorischen Aspekten leistet es dank allgemeiner Kräftigung einen wertvollen Beitrag zur Verletzungsprophylaxe vor allem im Rumpf- und Rückenbereich; die Kräftigung wirkt zudem haltungsfördernd.

Klettern ist nicht nur vielseitig in Bezug auf Anwendungsmöglichkeiten, sondern auch in Bezug auf die Anwendung von Lernzielen. Es kann unter den verschiedensten Aspekten thematisiert werden, wie zur Förderung von Kondition und Koordination oder auch zur Förderung kognitiver, affektiver, emotionaler und sozialer Aspekte, also ganz im Sinne einer ganzheitlichen Persönlichkeitsförderung.

Darüber hinaus erfreut sich das Klettern als Freizeitsportart einer wachsenden Beliebtheit und führt, als solche angewandt, in den Bereich der Selbstverwirklichung in sozialer Integration, welches, ausgehend von den kulturministeriellen Richtlinien, als das oberste zu erreichende Ziel einer ganzheitlichen Förderung ausgewiesen wird.

5.1 Die Bedeutung sportmotorischer Förderung für geistig behinderte Menschen

Die Erziehung durch Sport von geistig und körperlich behinderten Kindern und Jugendlichen versteht sich als ein ganzheitliches, entwicklungsorientiertes Konzept der Erziehung durch Bewegung als unterstützendes Mittel zu einer weitestmöglichen Selbstverwirklichung in sozialer Integration. Deshalb soll die sportmotorische Förderung nicht als programmierbare Abfolge von Trainings- und Therapiemaßnahmen, sondern als ein Angebot möglicher Lernreize und Entwicklungschancen durch Wahrnehmen und Bewegen gesehen werden, wobei eine zunehmende Eigenbestimmung der Einzelnen bzw. der Gruppe im Vordergrund stehen muss.

Menschen mit Behinderungen sind im Gegensatz zu nichtbehinderten Menschen häufig nicht in der Lage, auf Grund der alltäglichen Erfahrungen ausreichende Bewegungserfahrungen zu sammeln und sich auf diese Weise im Bereich der Handlungskompetenz weiterzuentwickeln, da bei ihnen eine Einschränkung in der Aufnahme und Verarbeitung der Umweltreize vorliegt (vgl. Adolph, 1983, S. 94).

Behinderte Menschen sind nach empirischen Untersuchungen immer auch als „bewegungsbehindert" (Schilling, 1980, S. 7) anzusehen, was in engem Zusammenhang mit sensorischen, kognitiven und sozialen Behinderungen zu sehen ist. Auch überbehütende Lebensumstände und die Verminderung von Sozialkontakten tragen dazu bei, dass behinderte Menschen häufig Einschränkungen in ihrer Bewegungs- und Erfahrungswelt aufweisen. Da jedoch die motorische Entwicklung entscheidenden Einfluss auf die Gesamtentwicklung des Menschen nimmt, ist eine Förderung aller motorischen Fähig- wie Fertigkeiten, zu denen das Klettern als Teilbereich gezählt werden kann, ein grundlegender Bestandteil der Gesamtförderung behinderter Menschen, „da eine Erweiterung der motorischen Möglichkeiten eines Menschen (...) immer eine Verbesserung seiner psychomotorischen Funktionen nach sich zieht, denn jede Bewegung, jede sportliche Leistung ist auch immer vom psychischen Leistungsvermögen, wie Wahrnehmungsfähigkeit, Denkprozesse, Rückkopplungsprozesse, Antriebsvermögen usw. abhängig" (ders., S. 93f.).

Durch die Förderung der sportmotorischen Basisfähigkeiten sollen behinderte Menschen dahin gebracht werden, sich selbst und die Umwelt im Rahmen ihrer Möglichkeiten optimal zu beherrschen. Dazu müssen Bewegungssituationen geschaffen werden, die das Erproben elementarer Bewegungsmuster, deren situative Abwandlung sowie ihre erweiterte Anwendung ermöglichen. Dies muss unabhängig vom Lebensalter der Einzelnen, sondern vielmehr entsprechend ihrer spezifischen Fähigkeiten erfolgen.

Intensive Wahrnehmungs- und Bewegungserfahrungen müssen angeregt werden, um zusätzliche sportmotorische Erfahrungen sammeln zu können, sodass das Repertoire an motorischen Basisfähigkeiten und somit die motorischen Handlungsfähigkeiten erweitert werden können. Zur Umsetzung dieser Forderungen bieten sich offene Bewegungsaufgaben an, die keine konkreten Bewegungsvorgaben beinhalten, sondern ein Experimentieren anregen.

5.2 Die Bedeutung der sportmotorischen Basisfähigkeit Klettern für die Zielgruppe

Der Forderung nach offenen Bewegungsaufgaben kann das Klettern in besonderer Weise gerecht werden, da bei der Bewältigung einer Klettersituation keine eindeutige Vorgabe bezüglich ihrer Bewältigung gemacht wird. Vielmehr muss durch aktives Explorieren eine individuelle Strategie erarbeitet werden. „Ein spezieller bewegungspädagogischer Wert, besonders für viele unserer überaktiven Schüler/-innen, liegt begründet in förderlichen Bewegungsanlässen, wie Gleichgewichtsstimulierung, Konzentrationsverbesserung, Mobilisierung von Brems- und Steuerhilfen" (Balster, 1993, S. 36).

Klettern ist hierbei als eine Bewegungsform zu verstehen, die mit Spannung, Erlebnis, Unmittelbarkeit und Überschaubarkeit in Verbindung gebracht wird, bei der individuelle Grenzen erreicht werden können und die Möglichkeiten der Selbstdarstellung beinhaltet (vgl. Witzel, 1998, S. 132).

Zudem bietet das Klettern die Möglichkeit, in allen Lernphasen den individuellen Leistungsstand zu berücksichtigen, und somit auch individuelle Fortschritte erreicht werden können. Dies wird dadurch begünstigt, das keine objektiven Maßstäbe angelegt werden, mit denen die Kletterleistung etwa durch die Dauer des Kletterns oder die erreichte Höhe beurteilt werden kann. Insbesondere für behinderte Teilnehmer ist dies von Bedeutung, da eine Leistungsbewertung ihre motorischen Schwächen hervorheben und so zu einer Demotivation führen könnte. Selbst Kinder mit Schwierigkeiten hinsichtlich ihres motorischen Leistungsvermögens können bereits bei ihren ersten Kletterversuchen Erfolge erzielen und hieraus Motivation für weitere Versuche gewinnen. In diesem Zusammenhang lässt sich herausstellen, dass das Klettern keine grundsätzlichen Voraussetzungen benötigt. Durch die Elemente Risiko, Schwierigkeitsbewältigung und den Reiz des Neuen erhält das Klettern einen hohen motivationalen Stellenwert (vgl. Klein, 1999, S. 48). „Der besonders große Reiz des Kletterns liegt wohl in dem nicht ganz ausschaltbaren Restrisiko. Umgebungsbedingungen, eigenes Handeln oder das unseres Partners sind nur beschränkt vorhersehbar" (Schädle-Schardt, 1993, S. 124).

Klettern als Erlebnissport befriedigt die Abenteuerlust, die im Alltag nur selten abgefordert wird, sodass durch das Klettern für behinderte Kinder und Jugendliche der Rahmen für nicht alltägliche Erfahrungen und vielseitige Erlebnisse geschaffen werden kann. Die tendenzielle Überbehütung behinderter Menschen führt häufig dazu, dass ihnen Situationen, die ein gewisses (subjektives) Risiko enthalten, häufig nicht zugetraut werden. Beim Klettern können sie unter Berücksichtigung der Sicherheitsvorkehrungen ihrem natürlichen Bedürfnis nach Abenteuer, Risiko und Spannung nachgeben und individuell ihre Grenzen ausloten und positive Selbsterfahrungen machen.

5.2.1 Die Dimension der Ganzheitlichkeit

Über die vorher getroffenen Aussagen hinaus hat das Klettern in seiner Gesamtheit (gemeint ist hier die Einheit aus Bewegen, Wahrnehmen und Handeln) besondere Bedeutung für einen Ansatz der ganzheitlichen Förderung. Um diese zu untermauern, wird an dieser Stelle auf das 1980 von Irmischer entwickelte Konzept einer ganzheitlichen, entwicklungsorientierten Erziehung Behinderter über Bewegung zurückgegriffen und das Klettern als Bewegungsangebot entsprechend bearbeitet:

1. Ich-Identitätsbereich
Dieser Bereich ist für das Klettern von besonderer Bedeutung, denn die Teilnehmer müssen lernen, eine Beziehung zu ihrem Körper aufzubauen und ihn somit in Raum und Zeit wahrzunehmen und die daraus gewonnenen Informationen hinsichtlich ihrer Erlebnisse und weitestgehend kognitiv zu verarbeiten und dementsprechend danach zu handeln.

a) Sich und seinen Körper über Bewegung wahrnehmen
Während des Klettervorgangs müssen viele verschiedene Sinneskanäle zumeist gleichzeitig zum Einsatz gebracht werden, um Informationen über die Spannungszustände des eigenen Körpers und dessen Position zur Wand zu sammeln und zu einer Rückmeldung zu verarbeiten. Es wird also ständig überprüft, ob die Tritt- und Griffpositionierung optimal ist (taktile Kontrolle), dann folgt der

Schritt, nach der nächsten Möglichkeit zu suchen, sich mit Händen und Füßen aufwärts fortzubewegen (visuelle Kontrolle) und die Position des Körpers an der Wand den Bedingungen des jeweils vorgegebenen Untergrundes anzupassen (kinästhetische Kontrolle).

b) Informationen über sich und seinen Körper erlebnisbezogen verarbeiten
Das Klettern ist eine durch Emotionen und deren erlebnisbezogene Verarbeitung geprägte Sportart. Gefühle, wie z. B. Angst vor der Höhe, dem Sturz, dem Materialschaden usw. oder der Stolz, die Freude, bestimmte Ziele erreicht zu haben bilden oftmals einen zeitlichen Einklang oder stehen direkt hintereinander. Zum einen rufen heftige Emotionen direkte physische Reaktionen, wie z. B. heftiges Schwitzen, Zittern oder spontane Ermüdung, hervor, die wiederum möglichst situativ angepasst wahrgenommen und verarbeitet werden. Zum anderen bietet das Klettern wie kaum eine andere Sportart dem geistig behinderten Menschen die Möglichkeit, vorhandene Ängste, die ansonsten auf Grund fehlender kognitiver Lösungsstrategien unbearbeitet und diffus konserviert werden, ganz spontan und konkret zu be- bzw. verarbeiten und zu überwinden. Die Erfahrung zeigt, dass trotz größter Ängste, die zu heftigsten Reaktionen bei einzelnen Teilnehmern geführt haben, der Reiz der spontanen Bearbeitungsmöglichkeit in der Kletterwand bei den meisten Kletterern überwiegt und immer wieder eigeninitiierte Versuche unternommen werden, sich dieser Angst auszusetzen, um sie so bearbeiten zu können.

c) Informationen über sich und seinen Körper über den Verstand verarbeiten
Besonders wichtig für eine Kletteroptimierung im jeweils individuellen Rahmen ist die Bewusstwerdung des eigenen Körpers in Bezug auf die Gesamtkörperkontrolle wie die Raumlage. Dazu gehört, dass man Stärken und Schwächen des eigenen Körpers bewusst wahrnimmt und situativ passend zum Einsatz bringt; dabei geht es um das effektive, also kognitiv kontrollierte Zusammenspiel von unterschiedlichsten Prozessoren. Über das ständige Abrufen von Wahrnehmungsleistungen, die mithilfe des Verstands verarbeitet werden müssen, um zu einer sachgerechten Rückmeldung zu gelangen, werden verschiedenartigste Vorgänge in Gang gesetzt, die dem Einzelnen ständige kognitive Lösungsstrategien.

d) Sich und seinen Körper bewegen
Klettern ist eine durchweg aktive Bewegung des Körpers die Kletterwand hinauf und als eine Gesamtbewegung zu sehen, die Folge von vielen Einzelbewegun-

gen der verschiedenen Körperteile ist. Das übergeordnete Ziel während dieser vielen Einzelbewegungen ist es, den Körper im aktiven Gleichgewicht zu halten.

2. *Ich-Material-Beziehung*

Die Teilnehmer sollen sich und ihren Körper in Bezug zur materialen Umwelt in Raum und Zeit wahrnehmen, die Informationen darüber erlebnisbezogen und weitestgehend mithilfe des Verstandes verarbeiten und entsprechend damit umgehen.

a) Sich in Bezug zur materialen Umwelt wahrnehmen

Nicht alle Griffe und Tritte in einer Kletterroute fühlen sich gleich an oder sehen gleich aus. Durch Ertasten mit Händen und Füßen (gegebenenfalls auch mit anderen Körperteilen) lassen sich die Unterschiede der einzelnen Untergründe erfahren. Die Kletterer können unterschiedliche Oberflächenstrukturen, verschiedene Griffgrößen, Griffarten und Griffabstände kennen lernen. Dasselbe gilt für die gesamte Kletterwand, denn auch die Wände weisen verschiedene Oberflächenstrukturen (Holz, Fels, Beton, Mauerwerk), Wandlängen, -neigungen und Verstellbarkeitsvorrichtungen (Rehawand) auf, die durch die verschiedenen Sinneskanäle entsprechend wahrgenommen werden müssen.

b) Informationen über sich und seine Beziehungen zur materialen Umwelt erlebnisbezogen verarbeiten

Infolge eigener Erlebnisse machen die Teilnehmer die Erfahrung, dass sie ihren Körper und ihre Kraft in Bezug auf die unterschiedlichen Griffe und Tritte in mannigfaltiger Art und Weise einsetzen können. Sie haben Gelegenheit, zu vergleichen und daraus entsprechende Rückschlüsse zu ziehen, wie lange sie sich beispielsweise an kleinen Griffen, die viel Fingerkraft erfordern, festhalten können, im Gegensatz zu großen Griffen, die sie mit der gesamten Handinnenfläche greifen können. Ebenso ermüdet die Beinmuskulatur auf Tritten, die lediglich mit der Zehenspitze angetreten werden können, wesentlich schneller als auf Tritten, die dem ganzen Fuß Platz bieten.

Bestimmte Kletterrouten werden von den Teilnehmern mit verschiedenen Gefühlen belegt. Die Route, die sie zum ersten Mal durchstiegen haben, wird mit Gefühlen wie Stolz und Freude über die eigene Leistungsfähigkeit besetzt, während besonders lange Routen (z. B. 18 m im Turm) mit Angst und Unsicherheit belegt sind, obwohl sie, technisch gesehen, unter Umständen wesentlich leichter sind.

c) Informationen über sich und seine Beziehungen zur materialen Umwelt mithilfe des Verstandes verarbeiten

Im Zusammenhang mit dem Prozess des vorausschauenden Denkens ist die mögliche mentale Vorbereitung auf eine bestimmte Kletterroute von Bedeutung. Das verlangt vom Kletterer ein gewisses Maß an Vorkenntnissen in Bezug auf Materialbeschaffenheit, Krafteinteilung, Routenverlauf usw. und ein hohes Maß an Konzentration. Diese vorherige Auseinandersetzung mit der eigenen Vorgehensweise, also das „Lesen" einer Kletterroute, zählt zwar zu den hohen Künsten des Kletterns, kann aber auch unseren Teilnehmern zumindest in Ansätzen und bei entsprechender Erfahrung nahe gebracht werden, um zumindest zeitweise vom Klettern nach Versuch und Irrtum wegzukommen und planerische Elemente in den Vordergrund zu stellen.

3. Ich-soziale-Umwelt-Beziehungen

Die Schüler sollen sich und ihren Körper in Bezug zur sozialen Umwelt in Raum und Zeit wahrnehmen, Informationen darüber erlebnisbezogen und weitestgehend mittels des Verstandes verarbeiten und entsprechend kommunizieren und interagieren.

a) Sich in Bezug zur sozialen Umwelt wahrnehmen

Basierend auf der emotionalen Beziehung innerhalb einer Seilschaft, erlebt sich der Kletterer als Teil einer Zweckgemeinschaft, die die absolute Sicherheit als Grundlage hat. Wichtig ist hierbei, dass sich der Kletterer nicht als abhängig vom Sichernden empfindet, sondern dass eine Gleichberechtigung innerhalb der Kommunikation der beiden Seilpartner hergestellt wird. Des Weiteren sorgt die Großgruppe dafür, dass sich der Einzelne nicht als bloßer „Einzelkämpfer" empfindet, der mit seiner persönlichen Anspannung umzugehen hat. Sie bietet jedem Teilnehmer bei entsprechender Möglichkeit Rückmeldung und, wenn nötig, Geborgenheit.

b) Informationen über sich und seine Beziehungen zur sozialen Umwelt erlebnisbezogen verarbeiten

Klettern hat die beiden Pole (sich) *Trauen* und *Vertrauen* zur Grundlage. Der Kletterer muss dem Sichernden zu jeder Zeit voll vertrauen können. Bei jedem Abrutschen, jedem Sturz und bei jedem Abseilen wird dieses Vertrauen immer wieder neu auf die Probe gestellt. Ein Kletterer wird sich nie trauen, schwierige Kletterpassagen, in denen ein Sturz wahrscheinlich ist, zu durchsteigen, wenn er seinem Sicherungspartner nicht voll und ganz vertrauen kann. Dieses Gefühl des absoluten Vertrauenkönnens sollen und müssen die Teilnehmer während eines Kletterprojekts bewusst erlebnisbezogen erfahren. Der dadurch möglich gemachte Verarbeitungsprozess, der aus dem Wechselspiel zwischen sich trauen und vertrauen hervorgeht, soll dem Schüler helfen, sich ganz konkret in der Kletterleistung zu verbessern und dies dann weitergehend in Bezug auf seine persönliche Entwicklung übertragen.

c) Informationen über sich und seine Beziehungen zur sozialen Umwelt mithilfe des Verstandes verarbeiten

Von besonderer Bedeutung für diesen Bereich ist die Möglichkeit der Reflexion und der planerischen Beteiligung an Entscheidungsmöglichkeiten durch den jeweiligen Kletterer. Möglichkeiten werden hier vor allen Dingen über die eingebauten Gruppenphasen oder Rückzugsmöglichkeiten gegeben. Im Verlaufe dieser Gesprächssituationen reflektiert der Kletterer zum einen seine eigenen technischen Möglichkeiten, aber häufig auch seine Stellung innerhalb der Sicherungskette, die sich entscheidend auf die persönliche Klettersicherheit auswirkt. Über diese Verbalisierung kann der Kletterer Rückschlüsse ziehen und diese auf die folgenden Klettereinheiten übertragen.

d) Sich in der sozialen Umwelt bewegen

Kooperation und Kommunikation bilden hier das Grundgerüst einer funktionierenden Gemeinschaft, innerhalb derer jeder die Möglichkeit erhält, weitestgehend offen über Bedürfnisse, Ängste und persönliche Ziele zu sprechen und sich über die Gruppe die entsprechende Rückmeldung einzuholen. Da jeder Teilnehmer im Rahmen der persönlichen Möglichkeiten in Grenzbereiche vorstößt, entwickelt er ein Bewusstsein für die anderen und deren Entwicklung.

5.2.2 Die Dimension der Persönlichkeitsförderung

Um weiterführende Aussagen der Persönlichkeitsförderung durch das Klettern konkretisieren zu können, muss an dieser Stelle zunächst eine Einordnung der Begrifflichkeit vorgenommen werden, um diesen dann auf die Sportart anzuwenden und im ganz Speziellen dann auf den Persönlichkeitsteilbereich der Angst und deren Bearbeitung bzw. Überwindung eingehen zu können.

Hansen (1990, S. 1f.) versteht den Begriff „Persönlichkeit als die Gesamtheit und Struktur relativ konstanter und Situation übergreifender Antriebe und Formen des Erlebens und Verhaltens, welche sich äußern in
- Verhaltensstilen (besonders des motorischen und kognitiven Verhaltens),
- Motiven,
- Selbstbildaspekten und
- Gefühlen".

Guilford (1964, S 6f.) definiert die Persönlichkeit eines Individuums als einzigartige Struktur von *Traits*, wobei ein *Trait* jeder abstrahierbare und relativ konstante Wesenszug ist, hinsichtlich dessen eine Person von anderen Personen unterscheidbar wird.

Pekrun (1988, S. 10f.) stellt als gemeinsame Definitionsbestandteile heraus, dass es sich bei einer „Persönlichkeit" um eine organisierte Menge von Merkmalen einer Person handelt; diese wiederum sind relativ zeitstabil und charakteristisch für die einzelne Person.

Nach Miessler, Bauer und Thalmeier (1987, S. 37f.) muss sich das Kind in seiner Persönlichkeitsentwicklung als eigenständige, existierende Person erfahren und ein Ich Bewusstsein entwickeln. Dann sollte es Vorstellungen über die eigene Person erwerben, d. h. ein Selbstkonzept entwickeln und sich schließlich selbst als Wert erleben können, „weil Selbstwertschätzung die Basis bildet für Selbstsicherheit und Selbstvertrauen" (ebd., S. 40).

Zimmer (1996, S. 24f.) betont, dass der Aufbau des Selbstbildes im Wesentlichen durch Körpererfahrungen geprägt ist, die somit als Grundlage der kindlichen Identitätsentwicklung gesehen werden können. „Persönliche Schwächen, Stärken, Grenzen, Bedürfnisse und Neigungen werden in ihrer Unterschiedlichkeit wahrgenommen, akzeptiert oder als etwas Veränderliches begriffen. Störungen beim Erwerb dieser Erfahrungen führen zwangsläufig zu Problemen für dieses Kind" (Treeß, Treeß & Möller, 1990, S. 89).

Speck (1993, S. 128) stellt fest, dass die Entwicklung der Persönlichkeit beim geistig behinderten Kind grundsätzlich von den gleichen biosozialen Faktoren abhängig ist wie jegliche menschliche Entwicklung. Jedoch konstatiert er individuelle, spezifische Abweichungen und Eigenheiten, die sich aus einer starken Abhängigkeit und der damit gebundenen Selbstorganisation ergeben. Des Weiteren ist seiner Meinung nach „die Persönlichkeit des geistig Behinderten" nicht existent, sondern die unendliche Vielfalt von verschiedenen Persönlichkeiten wie bei nichtbehinderten Menschen auch (vgl. ebd., S. 129).

Nach Sack (1982, S. 149) verändert „die Teilhabe am Sport (...) die Persönlichkeit der Sporttreibenden (...)."

Schilling (1990, S. 2) stellt eine enge Wechselwirkung von Bewegungsbeeinträchtigungen mit der kognitiven, emotionalen und sozialen Entwicklung fest. „Durch Umweltreize in wechselseitiger Abhängigkeit mit der individuellen Bedürfnisstruktur werden dynamische Lernprozesse eingeleitet, die über die Hierarchisierung von Wahrnehmungs- und Bewegungsmustern schließlich zu Verhaltensstrategien führen. Aus der Kenntnis dieser Entwicklungsprozesse lässt sich die These ableiten, daß die Einflussmöglichkeiten von Bewegungserziehung und Sport auf die Persönlichkeitsmodifikation außerordentlich groß sind" (ebd., S. 2f.).

Die Bewegungserziehung im weitesten Sinne nimmt Einfluss auf die motorische Entwicklung, auf die Entwicklung kognitiver Fähigkeiten, auf das soziale und emotionale Verhalten sowie damit auf die gesamte Persönlichkeitsentwicklung (vgl. Dordel, 1993, S. 138; Haas, 1987, S. 44f.). Die motorische Entwicklung darf also nicht isoliert betrachtet werden, sondern muss auf Grund ihrer Interdependenz immer im Zusammenhang mit der kognitiven, emotionalen und sozialen Entwicklung gesehen werden, denn Störungen des Bewegungsapparats führen zu Unsicherheit, Kommunikationsstörungen und Isolation (vgl. ebd., S. 44). Umgekehrt lässt dies den Schluss zu, dass durch eine konsequente und motivierende Bewegungserziehung eine positive Beeinflussung der Persönlichkeitsentwicklung erfolgen kann. Entscheidende Faktoren, die dieses wesentlich unterstützen, sind Wahrnehmen, Denken und Handeln (vgl. ebd., S. 45). Diesen positiven Einfluss stellten ebenfalls Zimmer (1996, S. 138f.) und Schilling (1990, S. 6f.) heraus.

Des Weiteren konstatiert Haas (1987, S. 48f.) durch die Auseinandersetzung mit der personalen und materiellen Umwelt mithilfe der Bewegungserziehung eine Steigerung der emotionalen Stabilität und den Aufbau einer sozialen Kompetenz, wodurch eine bessere Orientierung in der Umwelt und ein selbstständigeres Handeln gewährleistet werden.

Dieses bezeichnete Faltermeier (1984, S. 27f.) als das Vordringen in neue Welten, welches durch Sport ermöglicht wird. Dordel (1993, S. 138f.) konkretisiert dieses Vordringen als Entwicklung von Selbstständigkeit, Selbstsicherheit und Selbstbewusstsein durch Bewegungserfahrungen. Sie betont, dass körperliche Schwächen und Behinderungen jedoch nicht zwangsläufig negative Auswirkungen auf den emotionalen und psychosozialen Bereich haben müssen. Selbstbewertung spiegelt weit gehend die Fremdbewertung wider, sodass das engere soziale Umfeld (Familie, Schule) durch ein positives soziales Klima einen Rückschritt in der positiven Persönlichkeitsentwicklung bei Enttäuschungen verhindern kann. Ihre Schlussfolgerung besagt, „gezielte motorische Förderung (...) kann die Gesamtsituation des Kindes verbessern und seine Entwicklung positiv beeinflussen" (ebd., S. 141).

Klettern als ein weites Lernfeld für die Förderung der Persönlichkeitsentwicklung:

- Das Klettern ist eine „offene Sportart", die durch die permanente Veränderung der situativen Bedingungen charakterisiert ist. Der Kletterer wird ständig mit neuen Aufgaben und Problemen konfrontiert. Es ist keine eindeutig vorgegebene oder stets einheitlich durchführbare Bewegung. Der Kletterer muss sich stets auf die wechselnden Bedingungen und Situationen einstellen und entsprechend reagieren. Flexibilität, Entscheidungsfähigkeit und Kreativität des Kletterers können gefördert werden.

- Während des Klettervorgangs ist der Einzelne zunächst auf sich allein gestellt und übernimmt Eigenverantwortung für sein Handeln, sodass er eintretende Erfolgserlebnisse auf sich selbst beziehen kann. Der Kletterer gewinnt so an Selbstvertrauen und Selbstsicherheit, was ihn in seinem Selbstwertgefühl und seiner Identitätssuche bestärkt.

- In Bezug auf das sportmotorische Selbstbewusstsein werden Fähigkeiten aus den Bereichen Anstrengungsbereitschaft, realistische Selbsteinschätzung, Mut und Risikobereitschaft sowie Eigeninitiative ins Blickfeld der Förderung gestellt und bei entsprechender Bewusstwerdung über Reflexion auf weitere Lebensbereiche übertragen.

- Über die Förderung von koordinativen Basisfähigkeiten wie die Orientierungsfähigkeit, die Reaktionsfähigkeit, die Gleichgewichtsfähigkeit und die Rhythmusfähigkeit wird über das Klettern ein vertieftes Selbstbild geschaffen.

- Die für die Persönlichkeitsförderung so wichtige Sozialerfahrung kann über kooperative Übungsformen im Klettern gestärkt und hervorgehoben werden.

- Durch den Ausbau sportartspezifischer Fähigkeiten, Wahrnehmungsleistungen in unterschiedlichsten Bereichen und allgemeiner sportlicher Grundlagenfähigkeiten wird vorrangig das Selbstwertgefühl in Bezug auf die Eigenbelastbarkeit gestärkt.

„Jeder spürt am eigenen Leibe oft genug und mehr als ihm lieb ist, dass nicht selten emotionale Regungen das ‚Zünglein an der Waage' spielen und darüber entscheiden, ob und wie gut uns etwas von der Hand geht. Vorliebe und Abneigung leiten uns in der Auswahl unserer Kletterziele. Weite Hakenabstände, ungenügender Trainingszustand, noch verbesserungsbedürftige Bewegungstechniken oder schlechte Erfahrungen können dabei Bedenken wecken und Ängste schüren. Gefühle als unmittelbare Erlebnisinhalte begleiten uns auf dem Weg durch verschiedene Phasen unserer Entscheidungsprozesse und liefern die Atmosphäre, in denen unsere Bewegungen stattfinden. Unter den vielfältigen und von uns sehr differenziert erlebten Emotionen wie Freude, Liebe, Überraschung, Kummer, Trauer, Ärger, Ekel, Scham, Verachtung, Hoffnung, Enttäuschung, Lust und Schuld spielen in den Abenteuersportarten Angst und Furcht eine Hauptrolle. Gerade in diesem Genre kann eine Verbesserung des Könnens nur über die Auseinandersetzung mit unserer persönlichen Angstgrenze und dem Aufbau einer gehörigen Portion Toleranz gegenüber unangenehm empfundenen Gefühlsregungen stattfinden" (Schädle-Schardt, 1993, S. 66).

Klupsch-Sahlmann (1992, S. 1) stellt Angst als vielschichtigen Begriffe heraus, dessen Deutungsansätze bereits von Philosophen, Psychoanalytikern, Pädagogen und auch von Stessforschern skizziert wurden.

Krohne (1996, S. 4) beschreibt die ersten Arbeiten Freuds als Beginn der systematischen wissenschaftlichen Angstforschung. Bereits hier wurde eine begriffliche Trennung zwischen dem aktuellen emotionalen Zustand und den als zu Grunde liegend gedachten, habituellen Persönlichkeitsmerkmalen vorgenommen. „Die aktuelle Angstemotion (state) ist ein mit bestimmten Situationsveränderungen intraindividuell variierender affektiver Zustand des Organismus, der durch erhöhte Aktivität des autonomen Nervensystems sowie durch die Selbstwahrnehmung von Erregung, das Gefühl des Angespanntseins, ein Erlebnis des Bedrohtwerdens und verstärkte Besorgnis gekennzeichnet ist" (ebd., S. 8). „Das Persönlichkeitsmerkmal Ängstlichkeit (trait) bezeichnet die intraindividuell relativ stabile, aber interindividuell variierende Tendenz, Situationen als bedrohlich wahrzunehmen und hierauf mit einem erhöhten Angstzustand zu reagieren. Der Unterschied zwischen Angst und Furcht besteht in der eindeutigen Bestimmung der Gefahr und der Möglichkeit zur Flucht bzw. Vermeidung bei Furcht, während bei Angst eine solch eindeutige Bestimmung und Reaktionsmöglichkeit nicht gegeben ist" (ebd., S. 8).

Hutt & Gibby (1976, S. 173) betonen die persönlichkeitsbestimmende Rolle der Angst bei behinderten Kindern, die sich als Folge stetiger Konflikte einstellt und verfestigt. Nach Ansicht der Autoren ist anzunehmen, dass diese Kinder eher zur intensiven Entwicklung von Ängsten neigen, was aus gewissen typischen Verhaltensweisen zu schließen ist (vgl. auch Speck, 1993, S. 129f.).

5.2.3 Klettern – eine besondere Form der Angst und eine spezielle Methode zu deren Bewältigung

Wie im vorherigen Teil herausgearbeitet, bestimmt die Angst weite Bereiche des Lebens eines geistig behinderten Menschen, weil häufig die kognitiven und dabei vor allem die planerischen wie vorausschauenden Fähigkeiten fehlen bzw. nur in Ansätzen ausgebildet sind, um diese situationsgerecht zu be- und verarbeiten. Gerade hierauf bezogen, bietet das Klettern eine ganz praktische Möglichkeit, eine spezielle Angstform (Angst vor der Höhe, dem Absturz u. Ä.) spontan und konkret situationsbezogen zu bearbeiten und zu überwinden. Zielorientiert steckt die Absicht dahinter, dass jeder Teilnehmer für sich persönlich das daraus resultierende Erfolgserlebnis mitnimmt und in sein Alltagsleben überträgt (Zitat einer Mutter: „Ich habe das Gefühl, dass mein Sohn nach der Kletterwoche 10 cm gewachsen ist."). Schließen sich die Fragen an: Was ist die spezielle Auswirkung des Kletterns auf diesen Persönlichkeitsbereich? Welche Formen der Bewältigung stehen zur Verfügung?

Das Auftreten von Ängsten während eines Klettervorgangs, der sich in seiner Komplexität aus vielfältigsten unbekannten und überraschend auftretenden Situationen zusammensetzt, ist nicht nur zufälliger Begleitumstand, sondern geradezu Bedingung, werden doch diese Situationen auch auf Grund der zu erwartenden Gefahr aufgesucht. Dem Kletterer bleiben nun die beiden Möglichkeiten, die Angst zu unterdrücken, um die Leistungsfähigkeit zu erhalten, oder die Angst zu modifizieren, um seine Leistung zu steigern. Dieser Vorgang kann sowohl bewusst und gezielt vom Handelnden selbst gesteuert werden als auch unbewusst und automatisiert ablaufen, wobei der jeweiligen Person unterschiedliche Methoden zur Verfügung stehen. Ziel ist und bleibt in jedem Fall die Erhaltung bzw. die Wiedererlangung von Handlungsfähigkeit. „Die Neubewertung einer Situation ist eine spezifische Konsequenz der Angsterregung. Sie erreicht ihren Zweck, wenn durch sie die Ursache der Angst, die mehrdeutige und deshalb nicht adäquat zu handhabende Situation verdeutlicht und damit das Individuum wieder handlungsfähig gemacht wird" (Krohne, 1996, S. 3). Dies tritt bei Handlungen auf, die nach Seidelmann (in: Krohne, 1996, S. 34) „Grenzerkundungen für das dem Menschen mögliche und körperliche Leistungsproben" sind oder „besondere Arten der Raumüberwindung und die Erprobung von Orientierungs- und Reaktionstätigkeit, wie sie mit der Erfahrung von ... exponierten Raumlagen bzw. der Aufgabe des festen Standortes auf der Erde verbunden sind".

Alle Merkmale des Kletterns sind angstinduzierend und rufen dementsprechend beim neutralen Beobachter immer dann Unverständnis hervor, wenn der Kletterer freiwillig, bewusst und sogar gezielt Gefahrsituationen aufsucht. Durch das Eingehen von kalkulierten und kalkulierbaren Risiken wird deutlich, dass Angst aber nicht nur abschreckenden, sondern auch zum Handeln auffordenden Charakter hat. Dieses Phänomen der „Angstlust" ist ein Ergebnis der persönlichen Herangehensweise, auf spielerisch aufgelockerte Weise furchtbesetzte Situationen zu bewältigen.

Angstbewältigung
Erlebt man Angst jedoch als übermäßige Bedrohung, so führt dies zu einem übermäßigen Verlust an Kreativität und es steht nicht mehr die Situationsbewältigung im Vordergrund, sondern die schnellstmögliche Reduktion des Angstzustandes. In solchen Momenten, in denen kreatives Zutun und eine differenzierte Analyse der Situation gefordert wären, würde die Angst nur uneffektive und nicht angemessene Verhaltensweisen hervorrufen. Das gesamte Denken wäre folglich fokussiert auf die Erwartung lebensbedrohender Gefahren, schwerer Verletzungen mit unabsehbaren Folgen und der Erwartung von Schmerzen und würde den Handlungsspielraum auf ein Minimum reduzieren. Deshalb ist es besonders in Bezug auf die Zielgruppe von außerordentlicher Bedeutung, schon bei den ersten Kletterversuchen auf Angstreduzierung und -bewältigungsstrategien hinzuarbeiten, wofür die folgenden Methoden zur Verfügung stehen (vgl. Schädle-Schardt, 1993, S. 83):
- Der Sprung ins kalte Wasser
- Erziehung zum Umgang mit der Angst
- Durch Belohnung zum Erfolg
- Lernen vom/mit dem Partner.

Der Sprung ins kalte Wasser
Der Sprung ins kalte Wasser entspricht dem Hineinwerfen in die Angst auslösende Situation. Die Angst wird erzeugt, um sie zu verlernen. Dieses Verfahren zielt darauf ab, den Teilnehmer mit Angstreizen höchster Intensität zu konfrontieren und ihn dort zu belassen, bis sich über einen Gewöhnungsvorgang die Angst reduziert. In Form einer „Stressimpfung" wird man angehalten, den Umgang mit bedrohlichen Situationen einzuüben, um sich durch das Sammeln von Erfahrungen mit Angst und angstvermindernden Strategien selbst zu immunisieren. Durch dieses Konfrontationsvorgehen soll erfahrbar gemacht werden, dass der Furcht auslösende Reiz seine Wirkung verliert (vgl. Hackforth & Schwenkmezger, 1980). Der lerntheoretische Hintergrund besagt, dass Angst gelöscht

werden kann, wenn in einer Angstsituation das Vermeidungsverhalten einfach unterbunden wird.

Erziehung zum Umgang mit der Angst
Erziehung zum Umgang mit der Angst meint, dass der Kletterer lernen muss, angst- und konfliktreiche Situationen zu akzeptieren und sie als Anlass sehen soll, über eine geeignete Lösung nachzudenken. Es soll also bewusst eine Angsttoleranz aufgebaut werden, indem der Einzelne gezielt Situationen aufsucht, deren Bewältigung unter großer Aktivierung noch erarbeitet werden muss. Erst im Umgang wird ihm die Angst über die Wiederkehr recht gleich verlaufender körperlicher und geistiger Reaktionen langsam vertrauter, besser einschätzbar und früher regulierbar.

Durch Belohnung zum Erfolg
Das Gewöhnungstraining strebt den Abbau von Vermeidungsreaktionen über fortschreitende Bewältigung ähnlicher, aber mit vorerst wenig oder keinem Angstgefühl verbundenen Situationen an. Bei diesem Vorgehen sind vom Trainer, Lehrer oder Anleiter grundsätzliche methodische Prinzipien zu beachten: vom Leichten zum Schweren, vom Bekannten zum Unbekannten, vom Niedrigen zum Hohen usw.

Die langsame Annäherung an die als gefährlich interpretierte Situation über den Effekt der Gewöhnung wird vom Kletterer als schrittweise positive Verstärkung verstanden, die sein zukünftiges Handeln nachhaltig beeinflusst. Ein Vordringen in angstbesetzte Situationen über eine schrittweise Gewöhnung birgt das Erfolgserlebnis („Ich habe es ja geschafft!") und die Erfolgsaussicht, langfristig weniger emotional erregt, eine Herausforderung anzunehmen (furchtinduzierende Rückmeldung). Geringere Erregung erlaubt die freiere Entfaltung von Fähigkeiten und die Bewältigung zunehmend schwierigerer Situationen, die vormals Blockierung und Furcht vor dem Misslingen (furchtverstärkende Rückmeldung) bedeutet hätten. Ein Abbau von Angst über den Weg der kleinen Schritte führt zum angemessenen Selbstvertrauen. Ein gutes Beispiel für diese Vorgehensweise ist das Abseilen als Abschluss des Klettervorgangs: Die Angst vor dem Lösen von der Kletterwand kann dadurch vermindert werden, indem die Kletterer zunächst am schrägen Hang üben, dann das Abseilen an einer geraden Wand durchführen und sich schließlich aus einem Überhang abseilen lassen (siehe „Tarzanschaukel" als Spielform).

Lernen vom/mit dem Partner
Kletterer unserer speziellen Zielgruppe orientieren sich häufig an der sie betreuenden Person, die damit über ihre Persönlichkeit einen entscheidenden Einfluss

auf zu erwartende Entwicklungen nimmt. Die Orientierung am Kletterpartner und dem daraus resultierenden Einfluss auf den Gemütszustand greift das Lernen am Vorbild auf. Die Erfahrung lehrt, dass vorbildhaftes Verhalten angstlindernd rückwirkt.

Bei besonders ängstlichen Personen mag das beruhigende Vorbild nicht ausreichen, um ihre Angst zu überwinden. Für diesen Fall steht beispielsweise die Methode des „Doppelpackkletterns" zur Verfügung: Diese Methode, die ursprünglich für körperbehinderte Kinder entwickelt wurde, bietet die Möglichkeit, in direkter Anwesenheit und körperlicher Nähe eines Partners zu klettern und abzuseilen, was den doppelten Effekt zur Folge hat; zum einen führt der ständige Kontakt zur Angstreduktion beim Kletterer, zum anderen hat der hinterhersteigende Partner fortwährend und zwar direkt und konkret Möglichkeiten zur Einflussnahme.

Welches der vorgestellten Verfahren zur Angstreduzierung für welchen Teilnehmer angewandt wird, ist in jedem Fall eine Einzelentscheidung, da es kein Patentrezept geben kann. Allerdings zeigt die Erfahrung mit der Zielgruppe, dass die letzten beiden Methoden entscheidende und vor allen Dingen nachhaltige positive Wirkungen haben, während die ersten beiden mit größter Vorsicht zu handhaben sind und große Ansprüche an den Einsatz von Reflexionsangeboten stellen.

6 Erlebnispädagogische Aspekte des Kletterns und Bergwanderns (Brück, Boecker)

6.1 Das Konzept der Erlebnispädagogik

Der Begriff der *Erlebnispädagogik* tritt in vielen Bereichen der Erziehung, Förderung und auch Rehabilitation in Erscheinung, meint jedoch nicht immer das Gleiche. Dies hängt einerseits mit der vielseitigen Verbreitung in schulischen und außerschulischen Angeboten zusammen. So findet Erlebnispädagogik heutzutage in der Sozialpädagogik, in der therapeutischen Arbeit, in der Umwelterziehung, im schulischen Alltag und in der betrieblichen Weiterbildung Anwendung. Jedes Wirkungsfeld der Erlebnispädagogik besitzt eine eigene Adressatengruppe, für die spezielle Zielvorstellungen formuliert und Methoden entwickelt werden. Andererseits wird ein Missverständnis des Begriffs durch die so genannten „Abarten der Erlebnispädagogik" (Reiners, 1995, S. 9) verstärkt. Der Boom der Erlebnisaktionen sorgt für eine Art Wettlauf des Freizeitmarkts, wodurch immer spektakulärere Angebote zum Vorschein kommen. Doch diese „erlebnis- und abenteuerangereicherten Angebote des Freizeitmarktes" (Koch, 1994, S. 26) haben mit der ursprünglichen Ideologie der Erlebnispädagogik nicht mehr viel gemein (vgl. Hufenus, 1993, S. 85).

6.1.1 Ursprung und Entwicklung

Die Wurzeln der Erlebnispädagogik reichen zurück bis in die Reformpädagogik (1890 – 1930). In Anlehnung an Platon gingen die Reformpädagogen von einem Bildungsbegriff aus, der „den Menschen mit Kopf, Herz und Hand" (Reiners, 1995, S. 12) in seiner Ganzheitlichkeit betrachtete. Die Psyche, der Intellekt und der Körper des Menschen sollten mit in den Lernprozess einbezogen werden. In der traditionellen Pädagogik dieser Zeit wurde das Kind hingegen als Objekt angesehen. Man betrachtete Denken und Handeln getrennt voneinander, wobei der kognitive Bereich im Mittelpunkt stand. Die Folge war, dass das Kind zwar zur Urteilsfähigkeit, jedoch nicht zur Handlungsfähigkeit erzogen wurde. Die Reformpädagogen lehnten sich gegen die traditionellen autoritären Strukturen in Schule und Erziehung auf und forderten eine Revision der traditionellen Pädagogik.

Kurt Hahn war mit seinen Ideen ein bedeutender Vertreter der Reformpädagogik. Er wird als der „Urvater der Erlebnispädagogik" (ders., S. 15) angesehen, da er den Begriff der *Erlebnistherapie* einführte. Angebote sollten therapeutische Wirkung auf Heranwachsende besitzen. Um 1920 wurde Hahn Leiter des

Landerziehungsheims Schloss Salem am Bodensee. 1933 emigrierte er nach Schottland, wo er ab 1941 die Bewegung der *Kurzschulen*, der so genannten *Outward Bound Schools*, einleitete. Kurzschulen sind Kurse für Jugendliche verschiedener Nationalitäten im Alter von 16 – 21 Jahren. Sie werden für einen Zeitraum von vier Wochen am Meer, in den Bergen oder an Seen durchgeführt. Hahn war zu seiner Zeit ein starker Kritiker der Gesellschaft und Erziehung. Er sah die Werte der Gesellschaft durch einen dreifachen Verfall bedroht: „Da ist zunächst der Verfall der Unternehmungslust, dann der Verfall der Sorgsamkeit und schließlich der Verfall der menschlichen Anteilnahme" (Hahn, 1958, S. 71).

Hahn forderte eine weit reichende pädagogische Reform der öffentlichen Tagesschulen. Er schlug die Errichtung von Stadtrandschulen und Tagesheimen vor, um die Kinder mit einer verantwortungsvollen Erziehung widerstandsfähig gegen die „Seuchen unserer Gesittung" (ders., S. 72) zu machen. Durch den Besuch der Kurzschulen sollten Kinder und Jugendliche, zumindest kurzzeitig, aus ihrer gewohnten Umgebung herausgeholt werden. Hahns übergeordnetes Erziehungsziel war die Erziehung zur „staatsbürgerlichen Verantwortung" (ders., S. 78), die sich aus einem Gemeinschaftsleben, an dem die Jugend entscheidend mitbestimmt, entwickeln sollte.In einer engen Lebensgemeinschaft sollte Nächstenliebe und Nächstenhilfe ausgeübt und der internationalen Verständigung und damit dem Frieden gedient werden. Um den Verfallserscheinungen der Gesellschaft entgegenzuwirken, schuf er vier Elemente der Erlebnistherapie, die „leichtathletische Pause, viermal in der Woche am Vormittag", „das Projekt am Sonnabendvormittag", „die Expeditionen mehrfach im Trimester" und „ein Nachmittag, der ausschließlich dem Rettungsdienst gewidmet" war (ders., S. 74). Für Hahn wurde bei allen vier Elementen dem gemeinsamen Erlebnis eine besondere Bedeutung beigemessen, da er von einer unbewussten Wirkung des Erlebnisses auf die Verhaltensweisen, die Einstellungen und die Wertesysteme der Heranwachsenden ausging. Dies drückte er wie folgt aus: „Es ist Vergewaltigung, Kinder in Meinungen hineinzuzwingen, aber es ist Verwahrlosung, ihnen nicht zu Erlebnissen zu verhelfen, durch die sie ihrer verborgenen Kräfte gewahr werden können" (Hahn, 1958, S. 83).

Die von Kurt Hahn entwickelte Pädagogik war jedoch nicht neu. Seine Leistung bestand darin, die verschiedenen Ideen und Erkenntnisse Platons, Goethes, Pestalozzis, Lietz und James in einem Konzept zu vereinigen. Mit der Dissertation „Das Erlebnis in der Pädagogik" von Waltraud Neubert, einer Schülerin von Hermann Nohl, hatte die Erlebnispädagogik um 1930 einen weiteren Höhepunkt. Neubert sah im Erlebnis „(...) eine erneuernde Kraft" (Ziegenspeck, 1992,

S. 145) und entwarf ein Konzept des Erlebnisunterrichts, das in verschiedenen Fächern Anwendung finden sollte.

In der Zeit von 1933 – 1945, während der Gewaltherrschaft des Dritten Reiches, wurde der ursprüngliche geisteswissenschaftliche Gedanke der Erlebnispädagogik verfälscht. Durch die Organe HJ und BDM der NSDAP wurden Elemente der Erlebnispädagogik, wie z. B. Feste, Fahrten oder Lager, für parteipolitische Zwecke ausgenutzt. Nach dem Zweiten Weltkrieg wurde der Erlebnispädagogik daher mit Vorsicht und Zurückhaltung begegnet. Durch die Nutzbarmachung und Veränderung der erlebnispädagogischen Elemente durch das Dritte Reich wurde der direkte Bezug auf die geschichtlichen Wurzeln behindert und die ursprüngliche reformpädagogische Ideologie verdrängt.

Mit dem Wiederaufbau der Wirtschaft und der Gründung der BRD entstand der so genannte *Wettlauf der Systeme* in Europa und der restlichen Welt. Das Bildungs- und Ausbildungswesen musste sich dem Machtbestreben des Staates unterordnen und die Optimierung der Lernleistungen wurde zu seinem zentralen Ziel. Der Bildungsbegriff der Ganzheitlichkeit, der in der Erlebnispädagogik verankert ist, hatte keine Gültigkeit mehr.

Heute erfährt die Erlebnispädagogik einen erneuten Höhepunkt und gewinnt wieder mehr an Bedeutung; bisherige Barrieren werden überwunden und abgebaut. Dabei fällt jedoch auf, dass sie hauptsächlich in außerschulischen Bereichen realisiert wird. Damit wird der Erlebnispädagogik zunehmend eine sozialtherapeutische Rolle zugeschrieben. Einerseits sucht sie Alternativen außerhalb bestehender Institutionen, andererseits ist sie versucht, neue Wege innerhalb alter Strukturen als Ergänzung zu finden (vgl. Hahn, 1958, S. 71f.; Ziegenspeck, 1992, S. 139f.; Reiners, 1995, S. 12f.; Worm, 1995, S. 59).

6.1.2 Das heutige Verständnis

Im Folgenden soll Erlebnispädagogik definiert und eingegrenzt werden. Es ist jedoch schwierig, eine allgemein gültige Definition der Erlebnispädagogik zu finden, da in der Fachliteratur unterschiedliche Aspekte herangezogen und betont werden.

Die Erlebnispädagogik ist nach Ziegenspeck (1992, S. 136f.) eine „recht junge wissenschaftliche Teildisziplin" mit eigenen Methoden, deren Bestreben die optimale Erreichung eines definierten Ziels mithilfe erzieherischer Maßnahmen ist.

Sie kann als „Alternative und Ergänzung tradierter und etablierter Erziehungs- und Bildungseinrichtungen" verstanden werden, die sich „primär natursportlich orientierte Unternehmungen" (ders., S. 141) zu Nutze macht. Zudem liegen auch in künstlerischen, musischen, kulturellen und technischen Bereichen vielseitige Entwicklungs- und Gestaltungsmöglichkeiten.

Im Abschlussbericht des AFET-Ausschusses wird Erlebnispädagogik eher als eine Idee oder Theorie angesehen. Dort wird sie als ein Menschenbild, eine Herausforderung an das Denken, Fühlen und Handeln der Erlebnispädagogen beschrieben. „Sie kann überall stattfinden und ist nicht untrennbar mit Segelschiffen, Wüsten, Urwäldern oder Bergen verbunden" (Berner & Seitz, 1997, S. 59).

In anderen Definitionen rückt der Aspekt des Erlebens innerhalb einer erlebnispädagogischen Aktion in den Vordergrund der Betrachtung. So wird nach Michl (1996, S. 32f.) dem Erlebnis ganz allgemein eine eminente Bedeutung für den Prozess der Bildung und Erziehung des Menschen zugeschrieben. Im Erlebnis steckt eine pädagogische Energie, die als Konzentrat des Lebens auf die Teilnehmer einwirken und sie für das weitere Leben beeinflussen und prägen kann. Daran ist jedoch die Bedingung geknüpft, dass sich das Erlebnis als etwas Besonderes aus dem gewohnten Gang des alltäglichen Lebens hervorhebt. Die Erlebnispädagogik greift diese Bedeutung des Erlebnisses auf und versucht, sie innerhalb von Lernvorgängen für die Teilnehmer nutzbar zu machen. „Erlebnispädagogik will durch exemplarische Lernprozesse junge Menschen in ihrer Persönlichkeitsentwicklung fördern und sie dazu befähigen, ihre Lebenswelt verantwortlich zu gestalten, indem sie vor konkrete Herausforderungen auf der physischen, psychischen und sozialen Ebene gestellt werden" (ders., S. 33).

Theunissen und Plaute (1995, S. 195f.) sehen in der Erlebnispädagogik zwei unterschiedliche Tendenzen, Erlebnispädagogik „im weiteren Sinne" und „im engeren Sinne". Die Erlebnispädagogik im *weiteren Sinne* bezieht sich vordergründig auf die Bereicherung des Alltags mithilfe der polyästhetischen Erziehung. Damit sind vor allem Indooraktivitäten, wie z. B. Zirkus- oder Theaterprojekte, gemeint. Überdies werden keine spektakulären Outdooraktivitäten angestrebt, sondern eine sanfte Vorgehensweise bevorzugt, durch den „Aspekte wie Natur, Erlebnis, Bewußtsein, Gemeinschaft, Bewegung sowie die Beziehung Mensch und natürliche Umwelt" (ders., S. 196) harmonisch miteinander verbunden werden sollen. Die Erlebnispädagogik im *engeren Sinne* wird als Zielgruppenarbeit verstanden. Durch spezielle Unternehmungen, wie z. B. Hochgebirgswandern, alpine Klettertouren, Floßfahrten, sollen Grenzsituationen geschaffen werden, die von einer Gruppe gemeinsam durchlebt und durchgehalten werden müssen. Auf diesem Weg können die Teilnehmer „Erlebnisse mit sich, mit anderen Mitmenschen und der Natur machen, (...) die in der gegebenen Alltagssituation nicht möglich sind" (Nickolai, 1993, S. 93 in: Theunissen & Plaute, 1995, S. 196).

Des Weiteren wird Erlebnispädagogik nach Heckmair und Michl (1998, S. 87) als ganzheitliches Bildungskonzept verstanden, was in ihren Leitsätzen „Learning by doing" und „Lernen durch Kopf, Herz und Hand" deutlich wird. Demnach versucht die Erlebnispädagogik, die Gesamtpersönlichkeit des Menschen für den Prozess des Lernens wahrzunehmen und zu berücksichtigen. Durch die besonderen Aspekte *Gemeinschaft* und *Erlebnis* sollen neue Erfahrungen in naturnahen oder bisher pädagogisch nicht erschlossenen Bereichen gesammelt werden. Dabei geht es vordergründig um praktische Erfahrungen, wobei jedem Einzelnen der nötige Spielraum für Eigenaktivität und Handlung geboten wird. „Erlebnispädagogik ist eine handlungsorientierte Methode und will durch exemplarische Lernprozesse, in denen junge Menschen vor physische, psychische und soziale Herausforderungen gestellt werden, diese in ihrer Persönlichkeitsentwicklung fördern und sie dazu befähigen, ihre Lebenswelt verantwortlich zu gestalten" (dies., S. 75). Allen Definitionsversuchen gemein ist die Bedeutung des Erlebens für die Entwicklung und Erziehung der Teilnehmer.

6.1.3 Zur Bedeutung von Erlebnissen für die Persönlichkeitsentwicklung

„Erleben, Erlebnis ist das Bewußtwerden, Gewahrwerden, Innewerden von körperlichen und seelischen Zuständen. Es handelt sich dabei um psychische Vorgänge, meist gefühlsmäßiger, affektiver Art von besonderer Unmittelbarkeit und Einmaligkeit" (Keller & Novak, 1979, S. 91 in: Günter, 1994, S. 22).

Die heutige Lebenswelt heranwachsender Kinder und Jugendlicher ist durch Konsum und ständigen Fortschritt moderner Techniken geprägt. Zudem lässt sich oftmals eine Reizüberflutung verzeichnen. Auf der anderen Seite sind viele Heranwachsende von einem weit reichenden Mangel an Erlebnissen und praktischen Erfahrungen betroffen.

Kinder und Jugendliche wachsen in einer Zeit auf, die von Medien bestimmt wird und in der es kaum Möglichkeiten für authentische Erlebnisse gibt. „In der Sicherheit der zivilisierten Welt sind intensive Erlebnisweisen kaum mehr möglich, geschweige denn Grenzerlebnisse" (Günter, 1994, S. 6). Demgegenüber ist der Wunsch nach Abenteuer und Nervenkitzel nach wie vor vorhanden. Der Mensch sucht nach Erlebnissen, um wichtige Erfahrungen zu sammeln, sich in ihnen zu erkennen, und einen Sinn im Leben zu finden. Die Beziehung zum Leben wird über Erlebnisse aufgebaut. Wird für die Befriedigung des altersgemäßen Wunschs nach Erlebnissen und unmittelbaren Erfahrungen auf legalem Wege nicht genügend Raum geschaffen, besteht die Gefahr der delinquenten, kriminellen Beschaffung von Erlebnissen und Grenzerfahrungen.

Vor diesem Hintergrund wird dem Erleben eine pädagogische Bedeutung zugesprochen. Die Erlebnispädagogik versucht, den Heranwachsenden durch attraktive Angebote zu kleinen oder gar großen Erlebnissen zu verhelfen. Dabei soll über Erlebnisse und die damit verbundenen Emotionen der Zugang zu den Heranwachsenden erleichtert werden (vgl. Antes, 1993, S. 13f.; Koch, 1994, S. 26; Günter, 1994, S. 6). Balz (1993, S. 5) spricht in seinen Ausführungen explizit von der pädagogischen Bedeutung von Erlebnissen und versucht, sie durch die Merkmale Intensität, affektiver Gehalt, Wahrnehmung, Aktivität, Spannungsmoment, Gegenstandsbezug, Subjektivität und Ich-Wirksamkeit zu charakterisieren. So wird eine Situation z. B. durch ihr Ausmaß an Intensität zum Erlebnis, da sie sich als eine besondere, außergewöhnliche, vielleicht sogar einmalige Erfahrung vom Alltag abhebt.

Durch den Ansatz des *verstehenden Erlebens* nach Reiners (1995, S. 24) wird der pädagogischen Bedeutung von Erlebnissen ebenfalls zugestimmt. Andererseits wird jedoch auch das Handeln und die Beteiligung der Lernenden betont. Der eigentliche Schwerpunkt der Maßnahme liegt in der Beteiligung der Schüler bei der Organisation des Lernfeldes, zur Unterstützung der Eigenaktivität und der Entwicklung eigener Problemlösungsstrategien. Allein schon aus Gründen der Sicherheit müssen erlebnispädagogische Aktionen jedoch eine Grundstruktur aufweisen. Zudem wird auch die gezielte Entwicklung bestimmter Fähigkeiten angestrebt (vgl. ders., S. 23f.). „Während Hahn von einer unbewußten Wirkung des Erlebnisses ausging, geht es heute um ein ‚verstehendes' Erleben, dessen Erfahrungen auf andere Zusammenhänge generalisiert bzw. transferiert werden können" (ders., S. 23).

In Bezug auf die Entwicklung des Menschen, so Rieder (1992, S. 11), wird insbesondere in Verbindung mit Sport und Psychomotorik, von einer persönlichkeitsbildenden Wirkung durch Erlebnisse ausgegangen. Das heißt, dass Erlebnisse, je bedeutender sie in ihrer Wirkung auf ein Individuum sind, umso handlungsleitender können sie für die Zukunft werden. So sollen Einstellungen, Interessen, Motivationen und Handlungen aufgebaut und im Persönlichkeitsprofil prägende und richtungsweisende Akzente gesetzt werden. Erlebnisse können mit Stimmungsschwankungen und Emotionen verbunden sein, die auf kognitiver und reflexiver Ebene verarbeitet werden, um so künftiges Verhalten zu beeinflussen (vgl. ders., S. 11f.).

Der Aspekt Natur spielt im Zusammenhang mit Erlebnissen für viele Pädagogen eine wichtige Rolle, da sie über ein naturnahes Angebot von Abenteuern und Erlebnissen neue Zugänge zur Jugend finden wollen. Der aus dem heutigen Alltagsleben großenteils verdrängte Bereich der Natur kann ein neuer Raum für Erlebniserfahrungen sein. Damit sollen unmittelbare Erlebnisse, intensive Sinneserfahrungen und ein Aufgehen im Augenblick ermöglicht und eine mangelnde Erfahrung von Authentizität zurückgewonnen werden (vgl. Wilken, 1994, S. 38).

Ob erlebnispädagogische Maßnahmen ausschließlich in freier Natur oder auch in Indoorbereichen stattfinden sollen, wird wahrscheinlich ein Streitpunkt zwischen Erlebnispädagogen bleiben. Fest steht jedoch, dass Erlebnissen und damit auch der Erlebnispädagogik eine Wirkung zugesprochen wird, die auf den Entwicklungs- und Erziehungsprozess Heranwachsender Einfluss nehmen kann.

6.1.4 Angestrebte Ziele

Bevor Zielsetzungen für eine erlebnispädagogische Maßnahme zu bestimmen sind, muss einzelnen Faktoren, die beeinflussend auf die Zielformulierung wirken, Beachtung geschenkt werden.

Die Ziele hängen zum einen von den jeweiligen Rahmenbedingungen der erlebnispädagogischen Maßnahme ab, die durch
- das spezifische Programm (In- oder Outdoorprogramm),
- den zeitlichen Rahmen (Kurzzeit- oder Langzeitmaßnahme),
- das Anforderungsniveau (physische, emotionale, soziale und kognitive Anforderungen),
- durch den Träger der Maßnahme

bestimmt werden. Zum anderen orientieren sie sich an der Zielgruppe und den individuellen Problemlagen der einzelnen Teilnehmer. So müssen anthropogene Faktoren wie Alter, Geschlecht, Behinderungsart, Fähigkeiten und Entwicklungsstand und die sozial-kulturellen Bedingungen wie Wohnsituation, Schule oder Beruf für die Formulierung der Ziele ermittelt und mit einbezogen werden. Diese Kenntnisse können mit Hilfe einer Zielgruppenanalyse gewonnen werden.

Um neben den Vorstellungen und Interessen des Erlebnispädagogen auch die Erwartungen und Wünsche der Teilnehmer berücksichtigen zu können, werden die Zielsetzungen in Erziehungs- und Handlungsziele unterschieden.

Die **Erziehungsziele** spiegeln die Intention des Erlebnispädagogen wider. Aus einer Auseinandersetzung mit der zentralen Fragestellung: *„Was will ich und warum will ich das?"* (Reiners, 1995, S. 32) ergeben sich Erziehungsziele für die jeweilige Maßnahme. Es geht in erster Linie um emotionale und pragmatische, in zweiter Linie um kognitive Lernbereiche. Dabei können die im Folgenden aufgeführten, allgemein gültigen Erziehungsziele dem Erlebnispädagogen als Orientierung dienen:

1. Die Entwicklung individueller Persönlichkeitsmerkmale, wie z. B. Problemlösungsstrategien, Eigeninitiative, Spontaneität, Kreativität, Selbstbewusstsein, Selbstverantwortung, Überprüfung von Wertesystemen u. a.
2. Die Förderung sozialer Kompetenzen, wie z. B. Gruppenarbeit, Konfliktfähigkeit, Kommunikationsfähigkeit, Hilfsbereitschaft, Rücksichtnahme u. a.
3. Die Entstehung und das Wachsen eines geordneten und ökologischen Bewusstseins.

Nachdem der Erlebnispädagoge seine Erziehungsziele festgelegt hat, müssen die Vorstellungen und Erwartungen der Teilnehmer Berücksichtigung finden. Da nicht jeder Teilnehmer in der Lage ist, seine Wünsche und Bedürfnisse verbal zu äußern, sollte der Pädagoge die Verhaltensweisen beobachten und anschließend deuten. Es ist seine Aufgabe, die **Handlungsziele** und damit die Erwartungen und Vorstellungen der Teilnehmer zu erkennen und mit zu berücksichtigen. Die individuellen Handlungsziele der Teilnehmer sollten somit „eine gleichberechtigte Bedeutung neben den Erziehungszielen des Betreuers" (ders., S. 32) erhalten.

Aus der Prüfung der Erziehungs- und Handlungsziele ergeben sich letztendlich die **Lernziele**, die, je nach Zielgruppe, sehr differenziert sein können (vgl. Ziegenspeck, 1992, S. 138; Reiners, 1995, S. 31f.).

Nachdem der Prozess der Zielformulierung hinreichend erörtert wurde, soll nun ein übergeordnetes Ziel der Erlebnispädagogik, das Erfahren von **Selbstwirksamkeit**, erläutert werden, da es nach Berner und Seitz (1997, S. 59) „eine zentrale Bedeutung für die Entwicklung der aktiven und situationsangemessenen Handlungsfähigkeit von Jugendlichen" besitzt. Der Begriff der *Selbstwirksamkeit* meint die Überzeugung eines Menschen, über die nötigen Fähigkeiten zu

verfügen, um eigene Ziele zu erreichen. Selbstwirksamkeit kann jedoch nur dann erlebt werden, wenn die Erreichung eines Ziels durch das eigene Verhalten erklärt wird. Die Erwartung und Einschätzung der Selbstwirksamkeit ist entscheidend für die Bewältigung schwieriger Situationen und Aufgaben. Voraussetzung für das Erleben von Selbstwirksamkeit sind bestimmte Fertigkeiten, die zunächst erlernt und geübt werden müssen (vgl. Petermann, 1993, S. 7 f. in: Berner & Seitz, 1997, S. 61):
1. Steigerung der Selbstwahrnehmung
2. Verbesserung der Eigenkontrolle und Ausdauer
3. Verbesserung des Einfühlungsvermögens in andere Personen
4. Umgang mit dem eigenen Körper und Gefühlen
5. Festigung des Selbstbildes
6. Umgang mit Kritik und Misserfolg und auch mit Lob und Anerkennung.

Das Erlernen dieser Fertigkeiten sollte dem Katalog der Erziehungsziele hinzugefügt werden. Außerdem bildet die Gruppe eine wichtige Grundlage für die Erreichung der Ziele erlebnispädagogischer Maßnahmen. Erlebnispädagogik ist deshalb untrennbar mit deren dynamischen Prozessen verbunden. Die Erlebnisse des Einzelnen müssen in Gruppengesprächen besprochen und reflektiert werden, um damit zu verhaltensanleitenden Erfahrungen verarbeitet werden zu können.

Zusammenfassend lässt sich sagen, dass die Erlebnispädagogik durch die Schaffung von gezielten und kontrollierten Maßnahmen versucht, die Teilnehmer in Situationen zu führen, in denen sie direkt die Wirksamkeit und Relevanz der eigenen Handlung in der sozialen Situation der Gruppe erfahren und reflektieren können. Dabei sollen rigide und schädliche Gewohnheiten und Ansichten aufgelöst und neue Einstellungen, Ideen und Fähigkeiten entdeckt und internalisiert werden, die ein zukünftiges eigenständiges und unabhängiges Leben gelingen lassen (Günter, 1994, S. 24; Berner & Seitz, 1997, S. 59f.).

6.1.5 Grundsätze der Vorgehensweise bei erlebnispädagogischen Maßnahmen

Nachdem die allgemeinen Zielsetzungen der Erlebnispädagogik erörtert wurden, stehen in diesem Kapitel die methodischen Prinzipien im Mittelpunkt der Betrachtung. Mit ihrer Hilfe soll die Art und Weise des Vorgehens innerhalb erlebnispädagogischer Maßnahmen, mit der Lehr- und Lernprozesse ausgelöst werden sollen, charakterisiert und festgelegt werden. So sollten möglichst alle Fragen, die mit dem „Wie" zusammenhängen, erlebnispädagogisch beantwortet und in den einzelnen Phasen der Vor- und Nachbereitung verankert sein.

Im Bestreben, möglichst günstige Voraussetzungen für Erlebnisse zu schaffen, ist das Erlebnis selbst, so Antes (1993, S. 21), „seinem Wesen nach nicht organisierbar", sondern von relativer Einmaligkeit, nicht hundertprozentig kalkulierbar und unmittelbar die „Sache jedes einzelnen". Nichtsdestotrotz sind erlebnispädagogische Aktionen das Resultat einer methodischen Vor- und Nachbereitung, „d.h. eines gezielt geplanten Projekts und der darin durch die Mitarbeiter durchgeführten Intervention" (Berner & Gruhler, 1995, S. 25).

1. Aktion und Reflexion
Durch die gezielt-systematische Abfolge von erlebnispädagogischer Aktion und Reflexion sollen den Teilnehmern Erlebnisse ermöglicht werden, die zur Veränderung oder Erweiterung ihres Verhaltens führen. Die aktive Teilnahme an der Aktion und die anschließende Reflexion des Erlebten sind dafür von gleichwertiger Bedeutung. Damit Unternehmungen die gewünschte Wirkung erzielen, müssen folgende Anforderungen erfüllt werden (vgl. Wagner, 1995, S. 310):
- Einen Alltagsbezug besitzen.
- Einen hohen Aufforderungscharakter haben.
- Die Teilnehmer ansprechen, indem sie neue und intensive Erfahrungen ermöglichen.

2. Grenzerfahrungen
Es ist ein Bestreben der Erlebnispädagogik, die Teilnehmer über Erlebnisse mit Herausforderungen und Grenzen zu konfrontieren. In der Auseinandersetzung mit subjektiv erlebten Grenzen kann jeder Einzelne, durch ihre Überschreitung oder Anerkennung, sich selbst und die anderen Teilnehmer erfahren und einschätzen. Die individuell unterschiedlichen Grenzen können sowohl durch psychische, physische als auch soziale Belastungs- und Leistungsfähigkeit entstehen. Über dieses Erleben der eigenen Grenzen, sollen die Teilnehmer sich auf eine neue Art und Weise entdecken, um damit ihre Fähigkeiten, Stärken und Kräfte, aber auch Schwächen kennen zu lernen. In Bezug auf die Entwicklung des Menschen ist nicht nur das Erreichen eines festgelegten Ziels von Bedeutung, sondern auch die Erfahrung einer persönlichen Grenze und das Erlernen des Umgangs mit dieser. In diesem Zusammenhang ist darauf zu achten, dass die Teilnehmer nicht wahllos in Grenzsituationen getrieben werden, sondern der Erlebnispädagoge gezielt dabei vorgeht (vgl. Brütsch, Gäumann & Herger, 1989, S. 5f.; Antes, 1993, S. 22; Wagner, 1995, S. 310).

3. Ganzheitlichkeit

Ausgehend von den Grundelementen der Reformpädagogik, meint der Begriff der *Ganzheitlichkeit* die Verknüpfung der kognitiven, emotionalen, motorischen und sozialen Erfahrungsbereiche des Menschen. Ziel ist es, ihn nicht als Objekt des erlebnispädagogischen Einwirkens anzusehen, sondern die Gesamtpersönlichkeit in den Lernprozess zu integrieren und zu berücksichtigen (vgl. Wagner, 1995, S. 311), das wiederum dem Gedanken des Lernens mit Kopf, Herz und Hand entspricht.

4. Handlungsorientiertes Lernen

Erlebnispädagogische Aktionen werden so angelegt, dass selbstständiges Handeln des Einzelnen in der Gruppe möglich wird. Ganz im Gegensatz zu theoriebildenden Lernsituationen, so Ziegenspeck (1992, S. 132), „dominieren bei erlebnispädagogisch akzentuierten Programmen Vermittlungsstrategien, bei denen es um Fertigkeiten und Kenntnissen geht, die vorrangig praktisch erfahrbar gemacht werden".

5. Eigenverantwortung der Gruppe

Allen Teilnehmern sollte ein größtmöglicher Spielraum für Selbsttätigkeit und Selbstständigkeit zugesprochen werden, der jedoch einerseits durch die Erwartungen und Zugeständnisse der anderen Gruppenmitglieder und andererseits durch äußere Bedingungen, wie z. B. Sicherheitsvorkehrungen, eingegrenzt werden kann. Der Erlebnispädagoge sollte seine Position in erster Linie nicht als Leiter im Sinne eines autoritären Führers verstehen, sondern der Gruppe als kompetenter Partner für alle Fragen zur Verfügung stehen, dem auf Grund seiner Fähigkeiten Autorität zugesprochen wird. „Als wahrscheinlich kompetenteste Person der Gruppe sollte er ständig bereit sein, diese Kompetenz abgeben zu können" (Antes, 1993, S. 21). Denn durch die Zubilligung von mehr Freiraum soll den Teilnehmern Gelegenheit geboten werden, mehr Eigenverantwortung zu übernehmen und eine eigene Gruppenstruktur entstehen zu lassen, in der neue Rollen gefunden und eingenommen werden. Die Übernahme von Verantwortung durch die Akteure darf jedoch nicht aufgesetzt sein, sondern sollte den Eindruck von Realität und Ernsthaftigkeit vermitteln (vgl. auch Wagner, 1995, S. 311).

6. Authentizität

Die Aktionen der Erlebnispädagogik sind zwar produziert und organisiert, gewinnen aber während der Durchführung zunehmend an Authentizität. Haben die Teilnehmer erst einmal eine Aktion begonnen, z. B. das Besteigen eines Bergs oder das Segeln auf dem Meer, gibt es häufig kein Zurück mehr. „Beim Marsch im Regen, beim anstrengenden Paddeln oder Pullen ist weder Ausweichen noch Verweigerung möglich" (Wagner, 1995, S. 311). Durch die Echtheit und Unausweichlichkeit der Situationen bieten sich den Akteuren ungewohnte Möglichkeiten, neue eigene Verhaltensweisen in der Auseinandersetzung mit Herausforderungen innerhalb einer Gruppe kennen zu lernen, einzuschätzen, auszuprobieren und möglicherweise auf das alltägliche Leben zu übertragen.

7. Freiwilligkeit

Die Erlebnispädagogik vertritt das Menschenbild eines selbstbestimmten und eigenverantwortlichen Lebens, wobei das freiwillige Handeln die Grundlage für jedes Eingreifen in die Erziehung und Entwicklung bildet. Auf erlebnispädagogische Maßnahmen übertragen, bedeutet dies, dass zum einen jeder Teilnehmer aus freiem Willen an der Durchführung teilnimmt und zum Zweiten während dieser individuelle Grenzen zugelassen werden. Wird z.B. die physische Belastungsgrenze eines Akteurs überschritten, so muss ihm die Möglichkeit gegeben werden, aus freiem Entschluss abzubrechen (vgl. Brütsch, Gäumann & Herger, 1989, S. 3f.; Wagner, 1995, S. 312).

8. Orientierung am Individuum

Obwohl sich Erlebnispädagogik fast immer in einer Gruppe abspielt, steht der Einzelne im Mittelpunkt der Arbeit. Die individuellen Fähigkeiten, Bedürfnisse, Wünsche und Probleme der Teilnehmer sollten wahrgenommen und berücksichtigt werden. Demgegenüber ist jedoch nicht auszuschließen, dass in bestimmten Situationen der Einzelne zu Gunsten der Gruppe in den Hintergrund treten muss. Auch die Prozesse in der Gruppe sind für den Einzelnen von Bedeutung. In diesem Zusammenhang ist darauf zu achten, welche Aufgaben und Herausforderungen für das Individuum am ehesten angemessen erscheinen. Die geschaffenen Situationen müssen für die Teilnehmer einerseits herausfordernd wirken, gleichzeitig aber auch zu schaffen sein. Mit pädagogischem Geschick, guter Vorbereitung und ausreichender Empathie sollte für die einzelnen Akteure weder eine eindeutige Über- noch Unterforderung bestehen, um ihre Motivation, Ausdauer und ihr Leistungsvermögen so lange wie möglich aufrechtzuerhalten.

Übergeordnetes methodisches Prinzip der Erlebnispädagogik ist die **Orientierung am Prozess des Lernens**. Das bedeutet, dass sie eine Form des Lernens anstrebt, „die den Weg und den Prozeß zum Ziel hin stärker gewichtet als das eigentliche Resultat" (Brütsch, Gäumann & Herger, 1989, S. 6; Antes, 1993, S. 21; Wagner, 1995, S. 312).

6.1.6 Zur erlebnispädagogischen Wirksamkeit

In diesem Abschnitt soll der Frage der Wirksamkeit von erlebnispädagogischen Maßnahmen nachgegangen werden: Worin liegt ihre besondere Wirkung auf die Teilnehmer begründet und welche Rückschlüsse kann man aus diesem Prozess für die Erziehung, Entwicklung und Förderung ziehen? Ohne Zweifel spielt in diesem Zusammenhang die pädagogische Bedeutung des Erlebnisses eine übergeordnete Rolle. Um diesen Fragestellungen auf den Grund zu gehen, soll das Augenmerk zunächst auf den Prozess des Lernens gerichtet werden.

Der Mensch ist ein autonomes, sich selbst steuerndes, organisierendes und regulierendes System. Durch aktives Handeln erfahren und erfassen Menschen sich und ihren Körper, ihre räumlich-dingliche Umwelt und, wenn sie in einer Gemeinschaft agieren, das soziale Gefüge, in das sie eingebunden sind. Von außen einströmende Eindrücke und Ereignisse werden vom Menschen gefiltert, ausgewertet und schließlich abgelehnt oder angenommen. Für den Prozess der Entwicklung und Erziehung bedeutet dies, dass der Mensch nicht nur ein Produkt seiner Umwelt und Erziehung verkörpert, sondern „selbst Akteur seiner Entwicklung" (Piaget, 1975 in: Speck, 1995, S. 141) ist. Lernen wird somit nicht durch pädagogisch-therapeutisches Einwirken von außen erzeugt. Wenn es darum geht, Lernprozesse in Gang zu bringen, eine Weiterentwicklung anzustreben, Probleme und Herausforderungen zu überwinden, dann ist der Wille und damit die Eigenaktivität des Menschen grundlegende Voraussetzung. Doch Eigenaktivität entzieht sich nicht jeder Art der Einflussnahme, denn sie kann durch Anreize provoziert und ausgelöst werden.

Hierin liegt die Besonderheit der Erlebnispädagogik, ihre pädagogische Relevanz und Wirkung. Sie bietet auf der Grundlage ihrer methodischen Prinzipien den erforderlichen Freiraum für die Entfaltung von Eigenaktivität. Ihr Bestreben nach Eigenaktivität wird durch Ziele, wie die Erweiterung von Handlungs- und Entscheidungskompetenzen und der damit verbundenen Förderung der Selbstständigkeit und Übernahme von Verantwortung, verdeutlicht. Darüber hinaus ist das Erlebnis, also das Hinausführen aus dem alltäglichen Leben in Herausforderung und Selbstüberwindung, ein geeignetes Mittel, um den nötigen Anreiz zur Eigenaktivität zu schaffen (vgl. Speck, 1995, S. 140f.).

Die Frage nach der erlebnispädagogischen Wirkung auf den Alltag der Teilnehmer ist damit noch nicht aufgeklärt. Der Transfer, die Übertragung der Verhaltensänderungen der Teilnehmer und die Erweiterung ihrer bisherigen Einstellungen auf das alltägliche Leben, ist bisher ein Streitpunkt der Erlebnispädagogen. Auch die Möglichkeit, dass nach einer erlebnispädagogischen Aktion die

Erlebnisse zwar in Erinnerung bleiben, jedoch keine Auswirkungen auf den Alltag haben, da dort ganz andere Bedingungen herrschen, wird diskutiert. Eine „resignative Reanpassung" in der „Back-Home"-Situation des Alltags wäre demnach die Folge. Die Wirkung, so Günter (1994, S. 25), während und vor Ort erlebnispädagogischer Maßnahmen ist unbestreitbar. Doch bis heute gibt es keine wissenschaftliche Erklärung dafür, wie und warum die Erlebnispädagogik positive Verhaltensänderungen bewirkt. Dies hängt vordergründig damit zusammen, dass sich die Wirkungen erlebnispädagogischer Maßnahmen in der affektiv-emotionalen Seite der Persönlichkeit des Menschen vollziehen und zudem individuellen und subjektiven Einflüssen ausgesetzt sind. Damit ist eine Überprüfung der Gültigkeit und Wirkung nur über „phänomenologische Aspekte" möglich. Das bedeutet, dass mithilfe der praktischen Erfahrungen und den daraus resultierenden Erfahrungswerten, Rückschlüsse auf die Wirksamkeit der Erlebnispädagogik möglich sind.

Zusammenfassend lässt sich sagen, dass die konkreten Aktionen der Erlebnispädagogik nicht den alltäglichen Situationen der Teilnehmer entsprechen. Jedoch ist das Überwinden von Hindernissen, z. B. die Besteigung eines Berges, vergleichbar mit der Bewältigung von Schwierigkeiten und Problemen des Alltags. Zudem sind die dafür benötigten Bewältigungsstrategien auch für die Lösung alltäglicher Probleme, von entscheidender Bedeutung. Diese Bewältigungsversuche innerhalb der Erlebnispädagogik stellen, so Antes (1993, S. 20), „die eigentlichen Lernerfahrungen dar und können sehr wohl direkt ins Alltagsleben übertragen werden". Erlebnispädagogische Maßnahmen, die an einem neuen Ort, unter fremdartigen Bedingungen und häufig mit unbekannten Menschen stattfinden, stellen für die Akteure „eine außergewöhnliche Chance dar, überhaupt bestimmte Lernprozesse in Gang zu bringen, die durch negative Lebenserfahrungen verunmöglicht worden sind" (vgl. ders., S. 17f.; Günter, 1994, S. 17).

6.2 Erlebnispädagogik zur Förderung geistig behinderter Menschen

„Ganz offensichtlich sind wir – zumal in der Heil- und Sonderpädagogik – mit den bisherigen Mitteln (Therapien) ans Ende unserer pädagogischen Möglichkeiten gelangt" (Speck, 1995, S. 133).

Die Erlebnispädagogik verkörpert einen viel versprechenden Ansatz, der neue Wege zum Heranwachsenden sucht, um gezielt auf die aktuelle Lebenssituation und die damit verbundenen Probleme einzugehen. Inwieweit die Erlebnispädagogik im pädagogisch-therapeutischen Sinne Bedeutung besitzt, neue Wege der Förderung für geistig behinderte Menschen eröffnet und welche speziellen Bedingungen dafür erforderlich sind, bedarf einiger Aufklärung und Erläuterung. Doch wirft man einen Blick auf die sonderpädagogische Arbeit mit geistig behinderten Menschen, so wird man feststellen müssen, dass die Umsetzung des erlebnispädagogischen Konzepts dort noch an ihren Anfängen steht. Zudem ist die theoretische Ausarbeitung bislang durchgeführter erlebnispädagogischer Maßnahmen mit geistig behinderten Menschen noch nicht hinreichend durchgeführt worden. Dennoch kann davon ausgegangen werden, dass solche Erlebnisse und Erfahrungen eine ähnliche Wirkung auf die Einstellung und das Verhalten geistig behinderter Menschen haben, wie dies bei nichtbehinderten Menschen der Fall ist. So wird auf Grund von Beobachtungen aus der Praxis und den daraus geschlossenen Erkenntnissen deutlich, dass mithilfe erlebnispädagogischer Maßnahmen, psychosoziale Probleme bei geistig behinderten Menschen lebensweltorientiert bewältigt werden können, denn nach Michl (1996, S. 26) ist das „Lernen an der Wirklichkeit" von besonderer Bedeutung, da es „ungeahnte Möglichkeiten, auch und gerade für Jugendliche mit schwerer und mehrfacher Behinderung" für Entwicklung und Erziehung birgt (vgl. Theunissen, 1994, S. 32).

6.2.1 Möglichkeiten der Förderung

„Menschen mit einer geistigen oder körperlichen Behinderung haben wie alle Menschen ein Recht auf Erleben, auf Bildung, Bewegung und Begegnung" (Heckmair & Michl, 1998, S. 122).

Die Erlebnispädagogik bietet durch ihre Maßnahmen Raum für das Erlernen und Erproben neuer Verhaltens- und Handlungsstrategien. Sie versucht, sich vom alltäglichen Erleben und gewohnten Situationen abzuheben. Festgesetzte Handlungsmuster und Rollenverhalten sind für die Bewältigung der ungewöhnlichen Situationen innerhalb erlebnispädagogischer Maßnahmen nicht länger geeignet. Erlebnispädagogik versucht, die Lebensstruktur geistig behinderter Menschen, die häufig von Eintönigkeit, Konstanz und einer weit reichenden Vorhersehbarkeit geprägt ist, aufzubrechen. So werden neue Umfelder geschaffen, in denen jeder Teilnehmer seine Stellung in der Gruppe neu finden und festigen kann. Die Programme sind meist so angelegt, dass sich für alle Teilnehmer die Notwendigkeit einer möglichst guten Zusammenarbeit ergibt, bei der ein Entziehen oder Zurückziehen relativ erschwert wird. Zudem bietet Erlebnispädagogik durch ihre „Settings" neue Möglichkeiten für herkömmliche Therapiemaßnahmen, die oftmals von Anspannung und Gezwungenheit geprägt sind.

Darüber hinaus besteht eine positive Einflussnahme auf die Integrationsbewegung und das Normalisierungsprinzip. Der Integration geistig behinderter Menschen wird häufig zu wenig Aufmerksamkeit geschenkt, da sie als Minderheit in Deutschland zu den Randgruppen unserer Gesellschaft gezählt werden. Durch die Besetzung neuer Settings versucht die Erlebnispädagogik, dieser Situation entgegenzuwirken. Sie dringt in öffentliche Räume ein, um den „Inselcharakter" (Theunissen, 1994, S. 38) herkömmlicher sonderpädagogischer Ansätze aufzuheben und eine gesellschaftliche Teilhabe zu ermöglichen. Zudem bieten integrativ angelegte Projekte einen „neutralen Raum" (Wagner, 1995, S. 314), in dem gemeinsames Leben und Lernen erprobt und gelernt werden kann. Sowohl für behinderte als auch nichtbehinderte Teilnehmer werden so neue Situationen geschaffen, in denen fixierte Verhaltensstrukturen abgelegt werden müssen, um Anforderungen gemeinsam zu bestehen.

Mit dem Normalisierungsprinzip „ist der Gedanke verbunden, das Leben bzw. die Lebensbedingungen behinderter Menschen so normal wie möglich zu gestalten" (Anstötz, 1987, S. 141). In der Interaktion zwischen Behinderten und Nichtbehinderten sollte die Behinderung möglichst weit in den Hintergrund treten. Um eine dauerhafte Veränderung der Einstellung und des Verhaltens nichtbehinderter Menschen zu erreichen, ist auch das alltägliche, konkrete Erleben notwendig. Erlebnispädagogische Maßnahmen können den notwendigen Rahmen für ein gleichberechtigtes, menschliches Miteinander schaffen, um „Stigmatisierung und Ausgrenzung" (Wagner, 1995, S. 312) der Gesellschaft entgegenzuwirken. Bestehende Ängste, Vorurteile und Ablehnungen sollten auf beiden Seiten selbstständig und handelnd abgebaut werden. Dazu wird der Versuch unternommen, mithilfe gesellschaftlich anerkannter Mittel, wie z. B. Segeln oder Bergwandern, das Ansehen und die Anerkennung von behinderten Menschen zu steigern und ihr Selbstwertgefühl zu erhöhen. Die Grundlage jeder integrativen Maßnahme bleibt jedoch das Interesse, die Kreativität und Initiative aller Teilnehmer.

Um der individuellen Situation und Problemlage geistig behinderter Menschen entgegenzukommen, ist das Prinzip der ganzheitlichen Förderung ein wichtiger Aspekt. Der kognitive Bereich kann z. B. durch die Beteiligung an der Planung der Maßnahme angesprochen und gefördert werden. Durch die neuen Situationen und Erlebnisse, die meistens Aufforderungscharakter besitzen und mit Grenzerfahrungen verbunden sind, ist eine emotionale Beteiligung der Teilnehmer gewährleistet. Da bei Geistigbehinderten oft von mangelnder Körpererfahrung ausgegangen werden kann, sucht die Erlebnispädagogik über die Erfahrung von Leistungsfähigkeit, aber auch Leistungsgrenzen, andere Wege für vielfältige und neue Körpererfahrungen.

Oftmals wird Erlebnispädagogik mit sportlich geprägten Unternehmungen zu Wasser, zu Land oder in der Luft in Verbindung gebracht und mit Begriffen wie Aktion, Risiko und Abenteuer verbunden. Erlebnispädagogische Maßnahmen mit geistig behinderten Teilnehmern streben hingegen nicht das Vollbringen von Höchstleistungen und die Schaffung von Extremsituationen an, sondern stellen die Beachtung und das Ernstnehmen individueller Voraussetzungen, Emotionen, Wünsche und des subjektiven Befindens jedes einzelnen Teilnehmers in den Mittelpunkt. Zudem bietet Erlebnispädagogik viele Möglichkeiten, Aktivitäten entsprechend der Bedürfnis- und Problemlage der Akteure zu finden. Jedem Einzelnen soll die Chance gegeben werden, Erfahrungen mit der Natur, dem Lebendigen und anderen Bereichen zu machen, um so mehr Selbstvertrauen für das alltägliche Leben zu bekommen.

Daraus folgernd, lassen sich die Zielsetzungen für geistig behinderte Teilnehmer wie folgt zusammenfassen: Die Erlebnispädagogik strebt durch ihre Maßnahmen und den damit verknüpften Erlebniserfahrungen eine aktive Auseinandersetzung mit der Umwelt an, um so die allgemeine Persönlichkeitsbildung ihrer Teilnehmer anzuregen. Weiterhin sollen psychische, physische und soziale Grenzen erweitert und der Sinn für Ästhetik entfaltet werden. Ihre therapeutische Wirkung soll vor allem in einer Steigerung des Selbstvertrauens und der Selbsteinschätzung, dem Abbau von Ängsten, einer Steigerung des Sozialverhaltens sowie in der Konfrontation mit Stärke- und Schwächeerlebnissen liegen. Zudem können erlebnispädagogische Projekte einen wichtigen Beitrag zur aktiven Freizeitgestaltung geistig Behinderter leisten.

6.2.2 Grenzen der Erlebnispädagogik

Die Erlebnispädagogik kann nicht als „Allheilmittel" verstanden werden, die jede Grenze zu überwinden vermag (vgl. Günter, 1994, S. 33; Speck, 1995, S. 148; Wagner, 1995, S. 321). So kann beispielsweise in Bezug auf schulische Bereiche nicht jeder zu vermittelnde Stoff in ein erlebnispädagogisches Programm umgewandelt werden, da Übung und Training nicht ersetzt werden können. Erlebnispädagogik ist auch kein „finales Rettungskonzept" (Günter, 1994, S. 32) für schwer zugänglich gewordene Kinder und Jugendliche, was allein die anwachsenden Probleme in der heutigen Lebenswelt vieler Heranwachsender aufzufangen vermag. Sie strebt auch keine Verdrängung, Verlagerung oder

„Verschiffung", wie einige Kritiker die Wirkung der Segelpädagogik beschreiben, der sozialen Probleme in andere Gebiete wie Wildnis, Wüsten oder Meere an. Erlebnispädagogik erhebt vielmehr den Anspruch, als „potentes pädagogisches Mittel zur Orientierungshilfe von verunsicherten, ziellosen Jugendlichen" (Günter, 1994, S. 32) beizutragen, um mithilfe der positiven Kräfte von Erlebnissen ein friedliches Zusammenleben in der Gesellschaft zu unterstützen.

In diesem Zusammenhang weist Speck (1995, S. 146f.) auf die Gefahr hin, die Erlebnispädagogik als „Ausweg aus der gegenwärtigen Erziehungskrise" zu missbrauchen und damit den allgemeinen Verlust von Autorität der Pädagogen ausgleichen zu wollen. Demnach wird die Wirkung aus der Konfrontation mit Naturgewalten innerhalb erlebnispädagogischer Maßnahmen dazu benutzt, die nicht mehr vorhandene Autorität der Pädagogen zu ersetzen. „Im Ruf nach Erlebnispädagogik sehe ich so etwas wie einen weichen pädagogischen Ansatz zur Wiedergewinnung erzieherischer Autorität" (ders., S. 148).

Die Bereitstellung von Erlebnissen sollte nach Speck (1995) nicht im Vordergrund stehen, da Kinder und Jugendliche sich diese seiner Meinung nach selbst beschaffen können. Vielmehr sollte die Aufgabe der Pädagogen darin bestehen, Sinn in ein Chaos von Werten, von Orientierungs- und Verantwortungslosigkeit zu bringen und die dafür nötige Autorität aus der eigenen Person zu schöpfen.

Insbesondere für mehrfach behinderte Menschen bestehen Grenzen in der Erlebnispädagogik, da für diese Gruppe eingeschränkte Möglichkeiten in der Auswahl der Aktivitäten vorliegen. Auf der Grundlage der oben erläuterten Fördermöglichkeiten der Erlebnispädagogik für geistig behinderte Heranwachsende sollte man die bisherigen Einschränkungen auch als Anregung und Herausforderung ansehen, mehrfach behinderten Menschen die Erlebnispädagogik künftig ebenfalls zugänglich und erreichbar zu machen.

In Verbindung mit der Erlebnispädagogik „im engeren Sinne" ist nach Theunissen (1995, S. 176) vor „allzu großer Euphorie" und einem „unreflektierten Einsatz" erlebnispädagogischer Aktionen zu warnen. Exklusive und spektakuläre Maßnahmen, die hier gehäufter vorzufinden sind, liefern keine Garantie für tief greifende Erfolge bei den Teilnehmern. Erlebnispädagogik zeichnet sich nicht in erster Linie durch die Besonderheit ihrer Aktionen und der Erschließung immer ausgefallenerer Erlebnisräume aus, sie ist hingegen nur dann sinnig und wirkungsvoll, wenn der Transfer auf das alltägliche Leben der geistig behinderten Menschen gelingt und ihre Wirkung auch dort bestehen kann.

Damit wird ein grundsätzliches Problem der Erlebnispädagogik berührt: Auch wenn die Transferproblematik auf das Feld der Erlebnispädagogik mit geistig behinderten Teilnehmern zutrifft, ist eine grundsätzliche Leistung festzustellen. Erlebnispädagogische Maßnahmen sind in erster Linie bestrebt, Emotionen, Bedürfnisse und Probleme der geistig behinderten Schüler ernst zu nehmen, was hingegen „lange Zeit in der medizinisch-therapeutisch präformierten Heilpädagogik alles andere als selbstverständlich war (vgl. die orthodoxe heilpädagogische Übungsbehandlung)" (Theunissen & Plaute, 1995, S. 200). Zudem stellt die Erlebnispädagogik ein anspruchsvolles, komplexes und dadurch auch wirksames Konzept zur Verfügung, was auf die unterschiedlichen Situationen und Probleme in der heutigen Lebenswelt zu reagieren versucht.

6.2.3 Didaktisch-methodische Rahmenbedingungen

Nachdem in den ersten Abschnitten dieses Kapitels der erlebnispädagogische Förderbedarf geistig behinderter Kinder und Jugendlicher herausgestellt und die Möglichkeiten und Grenzen erlebnispädagogischer Unternehmungen erörtert wurden, rücken nun die didaktisch-methodischen Rahmenbedingungen in den Vordergrund der Diskussion.

Obwohl die erlebnispädagogische Arbeit mit geistig behinderten Menschen grundsätzlich an den allgemeinen methodischen Prinzipien orientiert ist, bestehen einige Unterschiede im Vergleich zur erlebnispädagogischen Praxis mit nichtbehinderten Akteuren. Übergeordnetes didaktisch-methodisches Prinzip ist der systematische Aufbau „vom Leichten zum Schweren" (Theunissen, 1994, S. 38). Harder (1990, S. 15 in: Theunissen, 1994, S. 36) verdeutlicht diesen Sachverhalt mithilfe seiner Praxiserfahrungen in Outdooraktivitäten, die er während eines Outward-Bound-Kurses für geistig behinderte Teilnehmer machen konnte. „Eine langsame Steigerung der Schwierigkeiten führt von Spaziergängen auf angelegten Wegen hin zu Wanderungen in unwegsamen Gelände durch den Wald, über Geröll, steile Grashänge und durch ausgetrocknete Bachbette." Er berichtet weiterhin, dass durch eine bewusst langsame Steigerung im Verlauf der Aktionen, deutliche Erfolge bei den geistig behinderten Teilnehmern zu beobachten waren.

Für jede Maßnahme gilt, „die geistig behinderten Menschen dort abzuholen, wo sie gerade stehen" (Theunissen, 1994, S. 38). Die Konsequenz ist, dass diese sich vollkommen nach den individuellen Situationen der geistig behinderten Teilnehmer ausrichtet, die sich aus der Biografie, den bisherigen Erfahrungen und Lebensumständen, dem subjektiven Befinden, den individuellen Voraussetzungen und Bedürfnissen und der speziellen Problemlage, die sowohl psychische, physische als auch soziale Bereiche betreffen kann, zusammensetzen. Ziel ist die Erfassung des aktuellen Entwicklungs- und Handlungsniveaus der einzelnen Teilnehmer, um so der Heterogenität der Erscheinungsformen von geistiger Behinderung gerecht zu werden. Diese methodisch-didaktischen Merkmale müssen sowohl für die Phase der Vorbereitung als auch für die Durchführung und Reflexion einer Maßnahme bedacht und berücksichtigt werden (vgl. ders.; Wagner, 1995, S. 317f.).

Erlebnispädagogische Maßnahmen streben immer neue Situationen in ungewohnten Umgebungen an, die mit unterschiedlichen Gefühlszuständen der Teilnehmer verknüpft sein können. Diese Situationen können einerseits motivierend, herausfordernd und aktivierend auf die Teilnehmer wirken, andererseits aber auch Angst, Ablehnung und den Wunsch nach Gewohnheit und Vertrautheit auslösen. Wagner (1995, S. 318) vertritt die Ansicht, dass dieses Befremden „bei behinderten Menschen, die zumeist fest in der vertrauten Umgebung verwurzelt sind, häufig noch stärker als bei nicht behinderten Menschen" vorhanden ist. Bei geistig behinderten Teilnehmern, die oftmals auch von einer körperlichen Beeinträchtigung betroffen sind und über mangelnde Körpererfahrungen verfügen, ist dem Aspekt der Sicherheit besondere Bedeutung beizumessen. Hinzu kommen unzureichende Risikoerfahrungen, die eine „Angst vor Unbekanntem", eine mangelnde „Abschätzung von Risiken" und eine „subjektive Ereigniswahrnehmung" (Theunissen, 1994, S. 38) implizieren.

Der Rahmen erlebnispädagogischer Maßnahmen ergibt sich immer in erster Linie aus der Frage nach der Sicherheit der Teilnehmer. Aktionen mit geistig behinderten Menschen erfordern darüber hinaus die Schaffung individueller Sicherheitsbestimmungen. Doch Sicherheitsüberlegungen dürfen nicht nur auf rein physische Unsicherheiten abgezielt werden, sondern müssen auch psychische Sicherheit, die durch das Wohlbefinden und die Akzeptanz der Teilnehmer zum Ausdruck kommt, gleichbedeutend einbeziehen. Geistig behinderte Teilnehmer dürfen, so Theunissen (1994, S. 38), gar nicht erst in Situationen gebracht werden, „in denen ihre Sicherheitsbedürfnisse keinen Platz mehr haben".

Ein weiterer Aspekt ist das gemeinsame Lernen und Handeln der Teilnehmer und Pädagogen. Erlebnispädagogische Aktionen ermöglichen nicht nur den Teilnehmern ein Wachstum an Erfahrungen und Wissen, sondern auch die Pädagogen können dabei hinzulernen. Das Behindertsein kann eine Verdeutlichung dessen sein, was nichtbehinderte Menschen möglicherweise gerne vergessen oder verdrängen, nämlich die eigene Begrenzung zu erkennen, sie zu akzeptieren und mit ihr zu leben (vgl. Wagner, 1995, S. 317f.).

Heckmair und Michl (1998, S. 122) heben die Bedeutung der Existenz und der damit verbundenen Lebenserfahrung behinderter Menschen für das Leben Nichtbehinderter hervor und sehen in ihrem gemeinsamen Zusammenleben echte Chancen für ein gegenseitiges Voneinanderlernen. „Krankheit und Behinderung sind keine Minusvarianten menschlicher Existenz, sondern sind uns als Lebens-, Erlebens- und Lernchance anvertraut. (...) Behinderte Menschen sind aufgrund ihrer persönlichen Lebenserfahrung für uns unverzichtbare Zeichen der Orientierung auf unserem Lebensweg hin zu mehr Sinn und Eigentlichkeit."

Der folgende Aspekt bezieht sich auf die Zusammenarbeit mit den Eltern der Teilnehmer und das Ausmaß ihrer Einbeziehung. Hierzu können pauschal kaum Aussagen getroffen werden, da sich dieses Feld als recht zwiespältig darstellt. Einerseits sind für behindertenspezifische Fragen die Eltern als Ansprechpartner unverzichtbar. Darüber hinaus sind sie für ihre Kinder bedeutsame Austauschpartner, um die neuen Situationen und Erlebnisse gemeinsam in anderen Handlungsbereichen zu erleben und aufzuarbeiten. Andererseits kann jedoch die Behütung und Fürsorge der Eltern und Bezugspersonen so weit reichen, dass die Aktion eher gestört oder blockiert wird. Das mangelnde Zutrauen und das Fehlen von Vertrauen in die verborgenen Fähigkeiten ihrer Kinder könnte in dem Fall zum größten Hindernis für die geistig behinderten Teilnehmer werden. Hier scheint es vorteilhafter, die Fürsorge der Eltern abzublocken, denn in einer „ungezwungenen Atmosphäre werden Fertigkeiten freigesetzt, erprobt und geübt, über die beide Seiten staunen und die eine neue Qualität des Miteinander im Alltag ermöglichen" (Wagner, 1995, S. 321).

Ob und inwiefern die Eltern einbezogen werden sollten, ist damit noch ungeklärt. Wagner (1995, S. 321) schlägt „den goldenen Mittelweg" vor, womit die Eltern nur dann einbezogen werden, wenn es für den Teilnehmer von Vorteil ist, aber sie dort auszuschließen, wo es störende oder blockierende Wirkung hat.

Zum Abschluss rückt der Aspekt der Zeitplanung ins Feld der Diskussion, da er ebenfalls für den Erfolg erlebnispädagogischer Maßnahmen von Bedeutung ist. Die Erlebnispädagogik versteht sich als Gegensatz zu unserer, von ständiger Weiterentwicklung und rascher Veränderung geprägten Zeit, in der Phasen der Ruhe und Besinnung oft keinen festen Platz mehr haben. Um diesen Aspekt zu realisieren, sollten bei der Planung ausgiebige Erholungsphasen mit eingerechnet werden. Den Teilnehmern muss die Möglichkeit der Ruhe und Erholung gegeben werden, um gewonnene Erlebnisse und Erfahrungen verarbeiten zu können. Darüber hinaus müssen sie während der Aktion ihr individuelles Tempo selbst bestimmen dürfen. Auf dem Hintergrund ihrer Situationen, die mit verschiedenen Einschränkungen und Problemen verbunden sein können, soll den geistig behinderten Akteuren ausreichend Zeit gegeben werden, in ihrem Tempo den unbekannten Erlebnisraum zu entdecken und sich den neuen Anforderungen zu nähern. Gerade bei geistig behinderten Menschen muss die individuelle Leistungsfähigkeit bedacht werden, da bei ihnen häufig die Grenze zwischen „wollen" und „können" (Wagner, 1995, S. 321) fließend ist, und somit die Gefahr einer Überforderung besteht. Durch diese Maßnahmen kann die Motivation, Bereitschaft und Aufnahmefähigkeit der Teilnehmer auf einem hohen Niveau gehalten werden.

6.3 Die erlebnispädagogische Fördermaßnahme Klettern

Die pädagogische Bedeutung erlebnispädagogischer Maßnahmen, besonders in Bezug auf geistig behinderte Teilnehmer, ist an dieser Stelle hinreichend beschrieben und begründet worden. Folglich liegt die Schwierigkeit nicht in der Frage, ob solche Aktionen als sinnvoll erachtet werden, sondern vielmehr in der Überlegung, wodurch das Konzept der Erlebnispädagogik mit der Zielgruppe geistig behinderter Kinder und Jugendlicher in die Praxis umgesetzt werden kann und welche Aufgabe dem Klettern dabei zukommt.

Daher soll in diesem Kapitel das Klettern auf seine Eignung als erlebnispädagogisches Medium diskutiert und überprüft werden. Dafür wird zunächst das praktische Bedingungsfeld auf Grundlage der besonderen Belange geistig behinderter Teilnehmer eingegrenzt und bestimmt. Im Anschluss daran werden einzelne Förderbereiche der betreffenden Zielgruppe aufgeführt, anhand derer die Wirkungen des Kletterns verdeutlicht werden.

6.3.1 Das praktische Bedingungsfeld

6.3.1.1 Vorausgehende Überlegungen

Das Klettern als Medium erlebnispädagogischer Maßnahmen ist grundsätzlich in unterschiedlichen Variationen möglich. So erweisen sich zum einen künstliche Indoor- und Outdoorkletteranlagen und zum anderen Klettergärten in Naturfels als mögliche Geländearten. Da der wichtigste Grundsatz jeder erlebnispädagogischen Kletteraktion die Sicherheit der Teilnehmer sein muss, ist im Hinblick darauf bei der Zielgruppe geistig behinderter Kinder und Jugendlicher zuerst deren spezifische Problemlage zu berücksichtigen.

Wie in Kapitel 3 bereits beschrieben, tritt geistige Behinderung in vielfältiger Form in Erscheinung. Wahrnehmungsfähigkeit, motorisches Entwicklungsniveau, motorische Behinderung und Lernfähigkeit, Emotionalität, Selbstwertgefühl, Kommunikationsfähigkeit und Sozialverhalten sind bei geistig behinderten Menschen so unterschiedlich ausgeprägt, dass sie besonderer pädagogisch-didaktischer Hilfen bedürfen. Durch ein vielseitiges Kletterangebot mit unterschiedlichen Schwierigkeitsgraden, weit reichender Ausschöpfung der Differenzierungsmöglichkeiten, eine enge Zusammenarbeit mit Eltern, Erziehungsberechtigten und Therapeuten und individuelle Zuwendung und Aufmerksamkeit, kann der speziellen Situation geistig behinderter Akteure entgegengekommen werden (vgl. Kapustin, 1983, S. 101).

In diesem Zusammenhang spielt der Aspekt des subjektiven Erlebens eine wichtige Rolle. Die Umwelt erscheint für den einzelnen Menschen so, wie sie auf dem Niveau des Entwicklungsstandes erfahren wird. Daher ist anzunehmen, dass geistig behinderte Menschen über ein eigenes Weltbild verfügen, das von dem „normal" entwickelter Kinder abweichen kann, welches sie jedoch nicht als andersartig erleben. Der Erlebnispädagoge sollte sich bemühen, diese Erlebniswelt zumindest ansatzweise nachzuvollziehen, um nicht eigene Wertvorstellungen in den Vordergrund zu stellen, sondern die Maßstäbe und Lernansätze am Weltbild geistig behinderter Menschen zu orientieren (vgl. Schilling, 1986, S. 11). Es kommt in erster Linie darauf an, dass erlebnispädagogische Angebote entwicklungsgerecht vorbereitet und durchgeführt werden, d. h., die Situation, die Rahmenbedingungen und das Material müssen dem individuellen Leistungs- und Entwicklungsniveau des einzelnen geistig behinderten Akteurs entsprechen. Zudem muss der Erlebnispädagoge ein fundiertes und geprüftes Fachwissen über klettertechnische Anforderungen, Sicherheitstechniken, beim Klettern in der Natur auch über Gesteinsbeschaffenheiten und klimatische Einflüsse und über Auswirkungen auf Körper und Geist der Teilnehmer aufweisen können. Anhand dieser Aspekte ist der Ort und die Form des Kletterns mit geistig behinderten Teilnehmern zu bestimmen.

6.3.1.2 Die Form des Kletterns – Toprope versus Vorstieg

Für das Klettern als erlebnispädagogische Maßnahme hat sich im allgemeinen „das Top-Rope-Klettern als die geeignetere Form herauskristallisiert, da die Herausforderungen für die Teilnehmer hier bereits sehr groß sind und das (Verletzungs-) Risiko gegenüber dem Vorstiegs-Klettern wesentlich geringer ist" (Kölsch & Wagner, 1998, S. 101). Die Form des Topropekletterns birgt, betreffend der Sicherheit und dem Sicherheitsgefühl der Akteure im Vergleich zum Vorstiegsklettern, folgende vorteilhafte Aspekte: Wenn der Kletternde von der Wand abrutscht, entsteht bei korrekt durchgeführter Sicherung keine nennenswerte Sturzhöhe, womit der darauf folgende Fangstoß für den Kletternden nicht hart ist. Die Sturzängste können durch die spürbare Verbindung zum Sichernden über das Seil eher bewältigt werden. Die aufzubringende Haltekraft beim Sichern ist niedrig, da bei straffer Seilführung kein starker Fangstoß ausgeglichen werden muss. Die Anforderungen beim Sichern sind im Vergleich zu denen beim Vorstieg geringer und der Erlebnispädagoge kann notfalls besser eingreifen.

Das Klettern im Vorstieg ist im Vergleich zum Topropeklettern als objektiv gefährlichere Situation einzustufen, da die Sicherheit des Kletternden auch von seiner eigenen Kompetenz abhängt. Die Zwischensicherungen müssen während des Aufstiegs vom Kletternden eigenständig gelegt werden. Im Fall einer fehlerhaften Zwischensicherung besteht für den Pädagogen keine Möglichkeit des direkten Eingriffs und der Korrektur, da er den Vorgang lediglich von unten beobachten kann. Außerdem ist auch bei korrekter Durchführung je nach Abstand der Zwischensicherungen ein Sturz von mehreren Metern möglich, wodurch das Verletzungsrisiko erhöht wird. Daher tritt beim Vorstiegsklettern besonders im Anfängerbereich ein erhöhtes Angstpotenzial auf, weil mit der Vorstellung eines freien Falls und dem anschließenden Auffangen zumeist ein Unbehagen verbunden ist. Die geschilderte objektive Gefährlichkeit des Vorstiegskletterns kann methodisch umgangen werden, indem der Neuling im Vorstieg über eine bereits bestehende Topropesicherung parallel gesichert wird; Nachteil ist hier allerdings der hohe personelle Aufwand, hervorgerufen durch die doppelte Sicherung.

Obwohl das Topropeklettern nach seiner sportlichen Wertigkeit eher eine untergeordnete Rolle spielt, ist bei erlebnispädagogischen Kletteraktionen im Hinblick auf Aspekte der Sicherheit das Toprope-Klettern gegenüber dem Vorstiegsklettern vorzuziehen. Es kann sowohl an künstlichen Wänden als auch in der Natur angewendet werden.

6.3.1.3 Der Ort des Erlebens – künstliche Kletterwände versus Naturfels

Künstliche Kletteranlagen werden in Indoor- und Outdoorbereich unterschieden. Mögliche Standorte für künstliche Kletteranlagen sind Sportzentren, Turnhallen, ehemalige Fabrikhallen, Schulen und Türme.

Privatwirtschaftlich betriebene künstliche Kletterwände sind in der Regel TÜV-geprüft und verfügen über die notwendigen Sicherheitsnormen, womit ein kalkulierbares Risiko mit guten Sicherungsmöglichkeiten besteht. Alle objektiven Gefahren, wie z. B. Steinschlag, können ausgeschlossen werden. Die Sicherungsseile mit der dazugehörigen Umlenkung sind vorhanden und eingerichtet, womit das Sichern unproblematisch und ohne Risiko ist. In mittelgroßen Anlagen (ca. 50 – 100 qm) können bis zu sechs Seilschaften gleichzeitig klettern. Die Schwierigkeitsgrade sind anhand gekennzeichneter Routen, die zumeist durch unterschiedliche Farben der Griffe und Tritte voneinander zu unterscheiden sind, unmittelbar zu erkennen. Einige Wände weisen künstliche Strukturen, wie Kamine, Risse, Spalten u. a. auf, um das Klettern abwechslungsreicher zu gestalten. Außerdem besteht an einigen Wänden die Möglichkeit, den Neigungswinkel der Kletterfläche zu verstellen.

Im Hinblick auf differenzierte Angebote werden durch diese Aspekte dem Pädagogen gute Möglichkeiten geboten, die Kletterwand dem individuellen Leistungsniveau des jeweiligen geistig behinderten Kletterers anzupassen. Die Räumlichkeiten erfüllen im Vergleich zu Klettergärten ein Maximum an Überschaubarkeit und sind auch mit Rollstühlen besser zu erreichen. Das Ausrüstungsmaterial lässt sich zumeist in den Anlagen ausleihen und ist somit unmittelbar verfügbar. Zudem lassen sich so Kletteraktionen auch in näherer Umgebung durchführen, selbst wenn keine natürlichen Felswände zu erreichen sind. Dadurch lässt sich das Klettern besser in die Unterrichtsorganisation der Schule eingliedern. Indooranlagen haben dazu noch den Vorteil, dass sie von Witterungseinflüssen völlig unbetroffen sind.

Demgegenüber werden dabei Erlebnisse und Erfahrungen aus dem Bereich Natur nahezu völlig ausgeschlossen. Zudem werden häufig räumliche Sterilität, Funktionalisierung und eine Überbetonung der Klettertätigkeit mit künstlichen Anlagen in Verbindung gebracht. In diesem Zusammenhang wird der Begriff der „Entnaturalisierung" mit dem Klettern an künstlichen Wänden in Verbindung gebracht, mit dem auf die Gefahr hingewiesen wird, die ursprüngliche Idee des Bergsports, die Mensch-Natur-Begegnung, aus den Augen zu verlieren und eine Entfremdung zwischen Natur und Sport zu vertiefen (vgl. Schädle-Schardt u. a., 1995, S. 246; Stückl & Sojer 1996, S. 83; Witzel, 1998, S. 138).

Das Klettern in der Natur wird „über die offiziell eingerichteten Klettergärten" (Kronbichler & Funke-Wieneke, 1993, S. 17) ermöglicht, da dort die nötigen Sicherheitsaspekte berücksichtigt werden können. Geeignete Klettergärten zeichnen sich insbesondere durch eine gute Absicherung der Routen aus, wobei die notwendigen Umlenkungen für Topropeklettern in Form von Sicherheitsklebehaken und Umlenkhaken vorhanden sein müssen. Auf Grund der natürlichen Einflüsse, wie z. B. Witterung, Steinschlag oder Verschleißerscheinungen, müssen diese jedoch auf ihre absolute Sicherheit kontrolliert werden. Im Vergleich zu künstlichen Anlagen sind in Klettergärten vielsinnig erlebbare Naturerfahrungen, wie z. B. verschiedene Gesteinsarten, Witterungseinflüsse und Erfahrungen in Bereichen der Tier- und Pflanzenwelt möglich.

Trotz aller Sicherheitsmaßnahmen können jedoch beim Klettern in der Natur die objektiven Gefahren, wie z. B. Steinschlag, nicht ausgeschlossen werden. Häufig bestehen in stark frequentierten Klettergebieten verstärkte Umweltbelastungen, wobei Pflanzen und Tiere in Mitleidenschaft gezogen werden. Felssperrungen der betreffenden Gebiete sind heute oftmals die Folge. Außerdem sind für die sichere Ausübung zusätzliche Kletter- bzw. Sicherungstechniken und Verhaltensregeln notwendig, womit der materielle Aufwand (z. B. Steinschlaghelm) und die Anforderungen (Einrichtung der Topropesicherung) für die geistig behinderten Teilnehmer und den verantwortlichen Erlebnispädagogen maßgeblich erhöht werden.

So wird auch in Bezug auf den Mustervorschlag „Fachlehrplan für den differenzierten Sportunterricht Sportklettern" (DAV, 1997, S. 1) des Deutschen Alpenvereins (DAV) davon ausgegangen, dass Sportklettern im Sportunterricht „nur an künstlichen Kletterwänden" durchgeführt werden darf. Klettergärten sollten hingegen sporadisch besucht werden: „Der Kompromiß, Klettergebiete nur im Rahmen einer Abschlußfahrt oder eines Projekts bzw. unregelmäßig zu besuchen, ist somit sicherlich eine pragmatische Vorgehensweise im Interesse von Naturschutz, Schulbehörden und Lehrkräften" (ders., S. 6).

Auf der Grundlage der angesprochenen Vor- und Nachteile von künstlichen Kletteranlagen und -gärten, vor dem Hintergrund der Probleme der betreffenden Zielgruppe und in Anlehnung an den Fachlehrplan des DAV, sind erlebnispädagogische Kletteraktionen in erster Linie in künstlichen Kletteranlagen durchzuführen. Nach ausreichenden Erfahrungen der Teilnehmer an künstlichen Wänden können unregelmäßig Klettergartenbesuche, z. B. im Rahmen einer Klassenfahrt, angestrebt werden und dabei längere Anfahrtswege in Kauf genommen werden (vgl. Krauss & Schwiersch, 1996, S. 262f.).

6.3.2 Klettern unter dem Aspekt der ganzheitlich erlebten Förderung

Die Aufgabe erlebnispädagogischer Maßnahmen sollte in erster Linie darin bestehen, den geistig behinderten Teilnehmern den notwendigen Rahmen für nicht alltägliche Situationen, für vielseitige Erlebnisse und Erfahrungen zu schaffen. Ob und wie der Einzelne in der Gruppe diese annimmt und dabei etwas erfährt, erlebt und erlernt, kann allein mit der Durchführung der Aktion nicht erzwungen werden. Die möglicherweise vorhandenen Grenzen der Erlebnisfähigkeit liegen nicht unbedingt in der Maßnahme, sondern auch im erlebenden Menschen selbst.

Grundsätzlich gilt es daher, durch erlebnispädagogische Aktionen die Erlebnisfähigkeit der Teilnehmer anzuregen und zu erweitern, was der nach Mühl (1997, S. 35) beschriebenen pädagogischen Aufgabe, Erlebnisse anzubieten und mit Inhalt zu füllen, entspricht. Das Medium Klettern ist mit der Betrachtung seiner motivationalen Aspekte und durch die Schaffung subjektiv als gefährlich erlebter Situationen, die jedoch objektiv sicher gestaltet werden, in besonderer Art und Weise dazu geeignet, eine Förderung der Erlebnisfähigkeit geistig behinderter Menschen anzuregen. Die mit dem Klettern verbundenen Erlebnisse sind dabei an keine Schwierigkeitsstufe gebunden. In Abhängigkeit vom jeweiligen Kletterer kann es zu unterschiedlichen Interpretationen der Klettersituation kommen. Im Folgenden werden einzelne Förderbereiche des Kletterns aufgeführt und deren pädagogische Bedeutung für geistig behinderte Teilnehmer erörtert.

1. Persönlichkeitsbildende und emotionale Dimension
Kennzeichnend für erlebnispädagogische Kletteraktionen ist das Hineinführen einer Gruppe in Situationen, die für den einzelnen Teilnehmer mit Mut, Angst, Vertrauen, Leistung, Selbsterfahrung, Körpererfahrung, persönlichen Grenzerlebnissen und Selbstüberwindung verbunden sein können. Darüber hinaus wird ein hohes Maß an Eigenverantwortung und Handlungsspielraum eingeräumt, um Selbstständigkeit zu erproben.

Ein Kletterer muss ein gewisses Maß an Mut aufbringen, um in die Kletterwand einzusteigen. Jeder Schritt nach oben bedeutet auch einen Schritt weiter in Höhe und Ungewissheit, denn der natürliche Fels, aber auch die künstliche Kletterfläche, bieten ständig wechselnde Formen und Strukturen, auf die sich der Kletternde aufmerksam, kreativ und flexibel einstellen muss.

Mut und Sicherheitshandeln bzw. -bedürfnis, das bei geistig behinderten Teilnehmern verstärkt vorhanden sein kann, stehen sich dabei keineswegs gegenüber, sondern sind eng miteinander verbunden. Die Sicherheit wird über das Vertrauen zum Material und zum Sichernden am Boden gegeben. Der Sichernde muss indessen die Bereitschaft zur Übernahme der Verantwortung für den Kletternden aufbringen. Trotz objektiver Sicherheit kann die subjektive Begegnung mit Angstgefühlen und persönlichen Grenzen für tief greifende Erfahrungen bei den einzelnen Teilnehmern und der Gruppe sorgen, was zu einer gesteigerten oder veränderten Eigenwahrnehmung und Selbsterfahrung anregen und zu bewussten Erfahrungen bisher verdrängter oder unbewusster Seiten der Persönlichkeit führen kann.

Wer in das Seil eingebunden ist, sich also auf die Situation einlässt, kann mit den gewohnten Vermeidungsstrategien nichts erreichen. Das Losklettern vor den Augen der Gruppe bedeutet, sich einer spezifischen sozialen und persönlichen Situation auszusetzen, d. h., sich der eigenen und der Bewertung anderer zu unterziehen. Der Kletternde steht dabei im Mittelpunkt des Geschehens, der Sichernde richtet seine volle Aufmerksamkeit auf ihn und die anderen Teilnehmer können zuschauen und gegebenenfalls anfeuern. Dies ist in Bezug auf geistig behinderte Kletterer von besonderer Relevanz, da sie oft am Rande des gesellschaftlichen Lebens stehen und sich bei solchen Situationen stark als individuelle Persönlichkeit innerhalb einer Gruppe erleben können. Die erwartungsvollen und fordernden Blicke der anderen können ein Gespür für die eigene Leistung und Leistungsfähigkeit hervorrufen, was eine positive Wirkung auf das persönliche Wohlbefinden und die psychische Gesundheit besitzen kann.

Während des Kletterns treten extreme, schwierige und als bedrohlich empfundene Situationen auf. Derartige Erlebnisse lösen häufig „Angst, Verunsicherung sowie psychosomatische Schwindel- und Unwohlgefühle" (Ostenrieder, 1994, S. 163) beim Kletterer aus, die u. U. sogar zu einem körperlichen Lähmungszustand führen können. Das Gefühl der Angst ist unmittelbar gegeben, da der Kletternde den Abgrund unter sich hat und nahezu auf sich selbst gestellt ist. Die Hilfe und der positive Einfluss des Pädagogen und der anderen Teilnehmer geben dem Kletternden in solchen Situationen zwar Unterstützung, die Überwindung der innerlichen Blockade und das Weiterklettern können jedoch nur von ihm allein bewirkt werden.

Wie bereits beschrieben, existieren bei geistig behinderten Menschen häufig durch Überbehütung, Fremdbestimmung und soziale Abhängigkeit geprägte Lebensumstände, die zu diffusen, für sie nicht greifbaren Ängsten führen können. Oftmals ist eine verstärkte Vermeidung von Wagnis, Abenteuer- und Risikoerfahrungen damit verbunden, die mit einer Verminderung des allgemeinen Lebenszutrauens einhergehen kann. Demgegenüber werden während des Kletterns die geistig behinderten Teilnehmer mit für sie fassbaren, reellen Ängsten konfrontiert, für die sie ihre eigenen Formen des Umgangs und mögliche Lösungsstrategien finden müssen. Werden beispielsweise schwierige Situation bewältigt und die Ängste des Kletternden überwunden, so hat dieser seine Angst und seine persönliche Grenze erfahren und ist im Umgang mit ihnen ein Stück weitergekommen. Gerade dies ist eine besondere, häufig ungewohnte Herausforderung an den geistig behinderten Heranwachsenden. Durch die Erfahrung: *„Ich kann etwas, ich bin im Stande, mich zu konzentrieren, etwas zu leisten"*, wird eine positive Selbsterfahrung ermöglicht und eigene Ressourcen werden erfahrbar gemacht. Dies kann wiederum Erfahrungen der Selbstwirksamkeit ermöglichen, da beim Klettern der aktive Körper als wirksam erlebt und die Erreichung des Ziels unmittelbar aus den eigenen Fähigkeiten erklärt werden kann.

Zudem sind während des Kletterns Körpererfahrungen möglich, bei denen der Körper neu erlebt und positiv bewertet werden kann, was ebenfalls eine erhöhte Selbstsicherheit, eine positive Beeinflussung des Selbstkonzepts und eine Steigerung des Lebenszutrauens bedeuten kann.

Durch den hohen Aufforderungscharakter des Mediums Klettern werden die Teilnehmer geradezu herausgefordert, die Situation annehmen und bewältigen zu wollen. Dabei wird ein gewisses Maß an Selbstkontrolle gefordert, aber auch gefördert, da der Kletternde in zunehmendem Maße mit negativen Gefühlen und Empfindungen, wie z. B. dem Nachlassen der körperlichen Kräfte oder Ängste, umzugehen lernen muss.

Durch den individualistischen Charakter des Kletterns wird eine gewisse Freiheit für die Teilnehmer ermöglicht. In der Freiheit, eigene Bewegungshandlungen weit gehend unreglementiert und individuell gestalten zu können, wird ein neuer Raum eröffnet, sich authentisch zu zeigen, den eigenen Bedürfnissen unmittelbar nachzukommen und persönliche Entscheidungen zu treffen. Die Wünsche, Vorstellungen und das eigene Verhalten unterliegen nicht in erster Linie dem Zwang der Gruppe. Individuelle Bedürfnisse müssen denen der Gruppe nicht entsprechen, so ist es z. B. für jeden möglich, sein Tempo selbst zu bestimmen und Pausen nach seinen Bedürfnissen einzulegen. Selbst die Kletterziele können variieren, denn was für den einen Teilnehmer das Erreichen des letzten Griffs im Überhang bedeutet, kann für einen anderen ein sicheres Durchsteigen einer leichten Route sein. Die eigene Leistungsfähigkeit bezüglich Kraft, Ausdauer und Reichweite muss selbstständig eingeschätzt werden. Da immer mehrere Routen mit unterschiedlichen Schwierigkeitsgraden vorhanden sind, haben die Teilnehmer die Möglichkeit, sich eine Kletterroute auszuwählen.

Ein wichtiger Bestandteil der Aktion ist die abschließende Reflexion. Die Teilnehmer sollen die Möglichkeit des Gesprächs, der Auseinandersetzung und des gegenseitigen Austauschs von Erfahrungen und Erlebnissen erhalten. Das gemeinsame Gespräch in der Gruppe kann für den notwendigen Raum sorgen, um Lern- und Entwicklungsprozesse in Gang zu setzen und sie auf den Alltag zu übertragen. Außerdem kann beispielsweise die Bewältigung von Angst und Unsicherheit des Kletterers während der Besteigung einer 20-m-Wand in dem Sinne eine Transferwirkung besitzen, dass bisher bedrohlich empfundene Alltagssituationen neu bewertet und relativiert werden und bestehende Grenzen verschoben werden können. Die unmittelbare Erfahrung von Selbstwirksamkeit und Handlungskompetenz und eigener Fähigkeit kann bei den Teilnehmern zur Suche neuer Lösungsstrategien für Probleme, Schwierigkeiten und Einschränkungen des alltäglichen Lebens anregen, was besonders im Bezug auf geistig behinderte Menschen zu mehr Selbstbestimmung und einer Verbesserung der Lebenssicherheit und -qualität beitragen kann (vgl. Ostenrieder, 1994, S. 160f.; Höser & Böhmer, 1995, S. 23f.; Kölsch & Wagner, 1998, S. 101f.)

2. Motorische Dimension

Ohne Zweifel ist das Klettern ein komplexer Vorgang, der bestimmte Bewegungskompetenzen erfordert. Für das Klettern sind motorische Grundfähigkeiten im konditionellen Bereich, wie Kraft, Ausdauer, Schnelligkeit und Beweglichkeit erforderlich.

Im Bereich der Kraft sind insbesondere Muskelgruppen des Rumpfs und der Beine angesprochen, da die Aufwärtsbewegung des Körpers in erster Linie durch die Beine erfolgen sollte. Die Arme sind eher für die Erhaltung des Gleichgewichts verantwortlich, was sich jedoch nicht ohne weiteres auf Kletterrouten mit extremen Schwierigkeitsgraden übertragen lässt. Je nach Kraftbeanspruchung liegt sowohl dynamische, z. B. bei einem Klimmzug, als auch statische Muskelarbeit, beim Fixieren eines Griffs, vor.

Die Beweglichkeit „ist die Fähigkeit, die Bewegungsmöglichkeiten der Gelenke aktiv und passiv optimal zu nutzen" (Hoffmann & Pohl, 1996, S. 108). Sie ist für das Klettern von großer Bedeutung, da in vielen Situationen die Arme und Beine in extremen Gelenkstellungen gehalten und bewegt werden müssen (vgl. dies., 102f.; Pankotsch, 1990, S. 65; Stückl & Sojer, 1996, S. 89f.).

Zum anderen sind koordinative Fähigkeiten, insbesondere Gleichgewichts- und Orientierungsfähigkeit, erforderlich. Gleichgewicht bildet eine wichtige Grundlage des Kletterns, da der Körper ständig gegen die Einwirkung der Schwerkraft ausbalanciert werden muss. Durch die Fixierung von mindestens drei Punkten mit Händen und Füßen wird der Gleichgewichtszustand erhalten.

Die Orientierung im Raum ist ebenfalls von zentraler Bedeutung. Griffe und Tritte müssen z. B. gesehen und deren Entfernung eingeschätzt werden. Der Kletterer muss vorausschauend handeln und sich selbst differenziert wahrnehmen. Nicht nur während der Bewegungsausführung spielt die Orientierung eine Rolle, sondern bereits für die Planung und Wahl der Route muss sich der Kletterer zunächst orientieren, indem er Griff- und Trittmöglichkeiten erkennt und deren Entfernung voneinander einschätzt (vgl. Witzel, 1998, S. 134).

Geistig behinderte Teilnehmer sind, wie bereits beschrieben, in ihrer motorischen Entwicklung beeinträchtigt, wobei Fähigkeiten im Bereich der Fein- und Grobmotorik ebenfalls betroffen sind. Zudem sind sie im erhöhten Maße durch Bewegungsmangel gefährdet, was sich auf ihre physische Entwicklung und Gesundheit negativ auswirken kann. Übergewicht, Haltungs- und Organleistungsschwächen, Muskel- und Bindegewebsschäden sind häufig die Folge. Zudem bedingt die tendenzielle Überbehütung geistig behinderter Menschen Einschränkungen im Bereich der Erfahrungsbreite auf dem Gebiet der allgemeinen wie speziellen Bewegungsfähigkeit. Diese aufgeführten Aspekte können zu einer verstärkten Ausprägung vorhandener Bewegungsbehinderungen beitragen. Erlebnispädagogische Kletteraktionen hingegen verhelfen zu einem Ausgleich dieser Bewegungsarmut.

Darüber hinaus können in regelmäßigen Abständen stattfindende Aktionen auch eine Förderung psychomotorischer Fähigkeiten bewirken. Überschüssige, körperbezogene Energien können durch das Klettern ausgelebt und abgebaut werden. Das Erlernen von neuen Bewegungsmustern, wie es bei den ungewohnten Situationen an der Kletterwand der Fall ist, kann neue Körpererfahrungen ermöglichen. Darüber hinaus wird durch das Medium Klettern ein Zuwachs motorischer Handlungsfähigkeit in den genannten motorischen Bereichen angestrebt, der nicht üblicherweise in behindertenspezifischen Schonräumen stattfindet, sondern der zur Inanspruchnahme, Gestaltung und Bewältigung öffentlicher Räume beitragen soll (vgl. Kapustin, 1983, S. 102f.).

Obwohl die Förderung motorischer Fähigkeiten geistig behinderter Menschen nicht im Mittelpunkt erlebnispädagogischer Bestrebungen steht, können Kletteraktionen folglich motorische Handlungsfelder für geistig behinderte Menschen erschließen und neue Bewegungschancen ermöglichen. Grundlegende Ziele sind in diesem Zusammenhang die Vermittlung von Freude und Interesse an der Bewegung, die Überwindung von Hemmungen, die Erfahrung körperlicher Leistungsfähigkeit und die Auseinandersetzung mit ungewohnten Körpererlebnissen.

3. Dimension der Wahrnehmung

Die Körperwahrnehmung, also das sensible, intensive Spüren des eigenen Körpers und die damit verbundene, ständige Suche nach einem optimalen Gleichgewichtszustand sind charakteristisch für das Klettern. Während des Kletterns nimmt man die Einwirkung der Schwerkraft wahr, da es ständig gegen sie anzukämpfen gilt. Dabei kommt der Wechselwirkung von Wahrnehmung und Bewegung besondere Bedeutung zu. Wie bereits erläutert, muss der Kletterer seinen Körper differenziert wahrnehmen, um ihn situationsgerecht einsetzen zu können und Haltepunkte für Füße und Hände zu finden. Geringe Muskelkraft kann durch den Zuwachs an Ideen und von individuellen Lösungsstrategien ausgeglichen werden.

Beim Klettern wird im sensorischen Bereich insbesondere die visuelle, taktile und kinästhetische Wahrnehmungsfähigkeit angesprochen. Durch visuelle Wahrnehmungsprozesse kann der Kletterer bereits am Fuß der Kletterwand seine Route im Voraus planen. Dafür muss er die möglichen Haltepunkte erkennen und deren Abstand wahrnehmen und einschätzen können. Hier werden Überschneidungen der einzelnen Förderbereiche deutlich, da Wahrnehmungs- und Orientierungsfähigkeit an dieser Stelle eng miteinander verknüpft sind.

Neben der visuellen Wahrnehmung spielen während des Kletterns die Hände und Finger als Tastorgan eine bedeutende Rolle. Der Kletterer muss sich ein Bild von der Struktur und Beschaffenheit der Griffmöglichkeiten machen. Da sie sich oft über seinem Kopf befinden und somit schlecht einzusehen sind, lassen sie sich zumeist nur mit den Händen und Fingern erspüren. Dabei muss die Kletterfläche untersucht werden, um Griffe erkennen und nutzen zu können. Die Füße dienen beim Klettern hauptsächlich der Fortbewegung und dem Stand, tragen dabei auch zur Aufrechterhaltung des Gleichgewichtszustandes bei. Sie sorgen für die nötige Standsicherheit, wobei die Form und Beschaffenheit der Trittfläche durch genaues Ertasten der Füße optimal genutzt werden muss.

Weiterhin ist die kinästhetische Wahrnehmung während des Kletterns von Bedeutung, da sie ein Gefühl für die Lage im Raum vermittelt. Um Kraft sparend und effektiv klettern zu können, muss die Körperspannung optimal und situationsgerecht über die kinästhetische Wahrnehmung gesteuert werden.

Zusammenfassend kann gesagt werden, dass während des Kletterns vielfache Wahrnehmungsfähigkeiten benötigt und durch deren Ausübung angeregt werden. Da geistig behinderten Kindern häufig der Zugang zu ihrer Umwelt durch eine Beeinträchtigung der Körperwahrnehmung erschwert wird, sollte dem Kind ein vielfältiges Lernangebot in diesem Bereich ermöglicht werden. Die Durchführung erlebnispädagogischer Klettermaßnahmen ist in diesem Zusammenhang eine Möglichkeit, um geistig behinderten Teilnehmern den notwendigen Raum für vielfältige sensomotorische Lerngelegenheiten zu bieten und dadurch zu ihrer Entwicklungsförderung beizutragen (vgl. Höser & Böhmer, 1995, S. 31f.; Witzel, 1998, S. 133f.).

4. Soziale Dimension
Die Durchführung erlebnispädagogischer Kletteraktionen beinhaltet immer ein Agieren in der Gruppe. Das gegenseitige Helfen beim Anziehen der Kletterausrüstung, die kollektive Anteilnahme während des Kletterns, das gemeinsame Erleben von Angst und Grenzen, aber auch Freude und Erfolg, sind Erlebnisse, die dabei im Vordergrund stehen. Die Gruppe übernimmt die Funktion eines sozialen Lernfeldes, in dem gegenseitiges Helfen, Vertrauen, Verantwortungsbewusstsein, Akzeptanz und Rücksichtnahme gelernt und erweitert werden sollen.

Gilt es beispielsweise, während des Kletterns eine schwierige Situation in der Kletterwand zu überwinden, entgeht den beobachtenden Teilnehmern die Stimmungslage des Kletternden nicht. Sie werden durch langsame, unsichere und zitternde Bewegungsabläufe oder eine völlige Blockade des Kletterers aufmerksam. Die Gefühlslage wird damit nicht nur dem Einzelnen, sondern der gesamten Gruppe erfahrbar. Dadurch, dass sich jeder Einzelne der Gruppe offenbaren muss, besteht eine wechselseitige Wahrnehmung der Teilnehmer. Anhand der gewonnenen Eindrücke, können die Akteure ihre voneinander gewonnenen Bilder, ihr gegenseitiges Rollenverständnis verändern. So wird der bisher immer als „harter Kerl" erfahrene Mitschüler in solchen Situationen eventuell völlig anders wahrgenommen, da er nach den ersten Höhenmetern das Weiterklettern verweigert, seine Angst eingestehen muss und in der abschließenden Reflexion erstaunlich offen über seine Gefühle sprechen kann. Die bisherige Distanz der Teilnehmer sowie ein bestehendes Vorurteil können dabei abgebaut werden, wobei mehr Spielraum für Kommunikation und Kontakt entsteht. Die Gruppe kann lernen, Konflikte konstruktiv auszutragen, Rücksicht und Toleranz zu üben.

Das Durchhalten während des Kletterns heißt also nicht nur, körperliche Grenzen zu überstehen, sondern auch soziale Rücksichtnahme aufrechtzuerhalten. So bedarf z. B. das gegenseitige Sichern einer aufmerksamen Kooperation zwischen Kletterndem und Sicherndem. Der Sichernde muss Verantwortung für den Kletternden übernehmen und Zuverlässigkeit vermitteln, indem er sein Verhalten den Bewegungen des Kletterers anpasst und dem Vorgang seine volle Aufmerksamkeit widmet. Der Kletternde muss sich der Situation aussetzen und das nötige Vertrauen aufbringen. Werden Bemühungen des Kletterers, die Route bis zum Ende zu durchsteigen, vom Sichernden und der restlichen Gruppe bemerkt, können auch missglückte Versuche die Anerkennung der Teilnehmer hervorrufen.

Zusammenfassend kann das Klettern durch seinen extremen und ungewöhnlichen Charakter als geeignetes Mittel beschrieben werden, gruppenspezifische Erfahrungen, Erlebnisse und Gefühle zu vermitteln, um letztlich Verantwortungsbewusstsein und kameradschaftliches Miteinander zu steigern. In einer Atmosphäre der Offenheit, in der vielseitige Emotionen sowohl individuell als auch in der Gruppe erfahren werden, kann sich eine intensive Verbundenheit der Teilnehmer entwickeln. Erlebnispädagogische Klettermaßnahmen können mit der Funktion eines sozialen Lernfeldes soziale Kompetenzen der geistig behinderten Akteure erweitern und zur sozialen Integration beitragen. Durch die pädagogische Betreuung und Reflexion während der Kletteraktion können Ereignisse thematisiert und besprochen werden, um Einsichten zu vermitteln, die eine positive Wirkung auf das Sozialverhalten im alltäglichen Leben besitzen (vgl. Ostenrieder, 1994, S. 164f.; Witzel, 1998, S. 135).

6.4 Erlebnispädagogische Aspekte zum Bergwandern

„Setzen wir die Langsamkeit des Wanderns der Schnellebigkeit unserer Zeit entgegen" (Heckmaier & Michl, 1998, S. 153). Im Gegensatz zum Klettern beispielsweise ist und soll das Bergwandern nicht das schnelle Erfolgserlebnis vermitteln, sondern ist vielmehr auf die Rhythmisierung, das Zusammenspiel von Mensch und Umgebung im Sinne von „der Weg ist das Ziel" angelegt. Es muss dementspechend Aufgabe eines Leiters sein, diesen mehr meditativen Charakter herauszustellen und ihm dem allgegenwärtigen Leistungsgedanken entgegenzusetzen. Gerade bei einer heterogenen Wandergruppe, innerhalb derer die

Eigenansprüche sehr differieren können, muss die gegenseitige Akzeptanz über das Tun gestärkt werden, müssen Ziele verschiebbar sein, was bedeutet, dass nicht in jedem Fall der Gipfel eines Bergs das Ziel sein muss, sondern dieses auch eine tiefer gelegene Alm oder Hütte sein kann. Ein Rundweg, der abseits von Gipfeln durch unterschiedliche Gebietsformen führt, hat seinen absoluten Reiz darin, dass mehrere Ziele angesteuert werden und unterschiedlichste Reizkanäle angesprochen werden. „Einen Weg zu gehen, kann zufrieden machen, nicht nur, das Ziel zu erreichen" (Krauss & Schwiersch, 1996, S. 171). Wichtig ist hier in jedem Fall, dass über die Gruppenvorbereitung der Einzelne vorbereitet ist und sich so in den Planungsprozess mitbestimmend einbezogen fühlt.

Der außergewöhnliche Reiz des Bergwanderns geht zunächst von der Besonderheit der Geländeform aus. Speziell bei Menschen aus mehr flachländlichen Bereichen, aus denen sich unsere Wandergruppen zusammensetzen, stellt sich beim ersten Anblick alpiner Gebirgszüge nach achtstündiger Autofahrt ein Ehrfurchtsgefühl ein, welches im Durchschnitt motivational anspornend zurückwirkt.

Das Erlebnis des Bergwanderns ist natürlich zunächst geprägt von der Umgebung, in der es stattfindet. Aber, übereinstimmend mit Krauss und Schwiersch (1996, S. 179f.), stehen führungstechnisch die Sicherheitsaspekte an erster Stelle und sind den pädagogischen Überlegungen in jedem Fall vorgeschaltet. Dabei ist darauf zu achten, dass die psychischen, technomotorischen wie konditionellen Möglichkeiten der Gruppe dem zu begehenden Gelände angepasst sind. Dadurch ergibt sich für die Leiter unserer Gruppen, dass „je schwieriger das Gelände und je alpin unerfahrener die Gruppe ist, desto mehr müssen die Leiterpersonen die Führung übernehmen und nötige Sicherungsmaßnahmen ergreifen" (ebd., S. 198).

Das wiederum hat insofern Auswirkungen auf die Tourenplanungen, dass diese, von den Leitern zumindest in Eckdaten ausgearbeitet, der Gruppe vorgetragen werden, um anschließend besondere Maßnahmen bzw. angedachte pädagogische Grundzüge zu besprechen bzw. vorzuplanen. Ein wichtiger Aspekt nach Autorenmeinung ist hierbei, dass Vorüberlegungen bzw. -entscheidungen in jedem Fall an die Gruppe weitergegeben werden müssen, da diese ansonsten von den Teilnehmern fantasiert werden und sich hemmend auf die Motivation auswirken (selbst erfahrenes Beispiel: Das Begehen eines in der Wanderkarte eingezeichneten, aber nicht markierten Pfades, der so in der ursprünglichen Form nicht vorgesehen war; die Teilnehmer waren dermaßen auf das Auffinden von Markierungen fixiert, das sie uns auf einem Irrweg wähnten, der garantiert nie ans Ziel führt und so in der Einbildung immer länger wurde.)

Um eine gesicherte und gleichzeitig erlebnisreiche Zeit in den Bergen verbringen zu können, müssen die folgenden Aspekte in jedem Fall immer Berücksichtigung finden und als eine Art Checkliste verstanden werden (vgl. Kölsch & Wagner, 1998, S. 98f.):

1. Sicherheit (s. o.)
2. Material/Ausrüstung (s. Kap. 7.2.2)
3. Vorbereitung/Vorwissen:
    - Tourenplanung
    - Leiteraufgaben
    - Geografische Kenntnisse
    - Karten
    - Wetter
    - Erste Hilfe
    - Gruppenzusammensetzung
4. Vorbereitung vor Ort
    - Ausrüstungscheck
    - Gruppenaufgaben
5. Ablauf der Aktion
    - Offenes Ohr und Auge für Gruppenabläufe
    - Spielformen (Einkleidungen, Einbettungen, Naturerfahrungsspiele, Geländespiele, künstlerische Umsetzung, Wasserspiele etc.)
6. Beendigung der Aktion
    - Setzen eines eindeutigen Endes
    - Körperpflege, frische Sachen
7. Mögliche Krisen
    - Kompensierung ungewohnter körperlicher oder psychischer Belastungen durch Stressübertragung auf die Gruppe
    - Spaltung der Gruppe durch unterschiedliche Voraussetzungen
8. Nachbesprechung
9. Aus vielen unterschiedlichen Möglichkeiten hat sich das individuelle Besinnen auf das persönliche Erfahren mit und innerhalb der Gruppe in Bezug auf die Unternehmung in den Bergen über das Verfassen eines Tagebuchs als die für die Teilnehmer nachhaltigste Variante herausgestellt.

Erlebnispädagogische Entscheidungsfelder
Während sich beim Klettern die diesbezügliche Diskussion vorrangig auf den Ort des Geschehens (Felsen oder künstliche Kletterwand) und die Klettertechnik (Vorstieg oder Toprope) bezog, steht beim Bergwandern eher die Frage nach der Methode im Mittelpunkt. Diese wiederum bezieht sich vorrangig auf das sozial emotionale Erleben, eingebettet in die von der Natur vorgegebenen Bedingungen. Konkret gemeint ist hier:

1. Das Erwandern eines Bergs in der Gruppe: *Gemeinsam einen Weg gehen*

Die Gruppe entscheidet sich für eine gemeinschaftliche Besteigung eines Berges, wodurch jeder Einzelne seine persönlichen Bedürfnisse zurückstellt, sich dafür aber über das Erleben in der Gruppe in einen sozialen Rhythmus einbringt.

Das Gruppenerleben kann in der vorangeschalteten Planung verstärkt werden, indem Spiel- bzw. Wanderformen eingebaut werden, die die Gemeinschaft trotz unterschiedlichster persönlicher Voraussetzungen näher aneinander bringt.

Vorschläge für Spielformen sind:
- „Die Seilschaft" – die Gruppe geht an einem Seil
  Das Seil verbindet die Teilnehmer miteinander und fordert so das Finden eines gemeinsamen Rhythmus heraus, der sich nach dem am Anfang Laufenden richtet. Die Entscheidung für die Reihenfolge am Seil sollte der Gruppe überlassen werden.

- „Die blinde Seilschaft"
  Variation zu Vorschlag 1: Die Augen der Teilnehmer sind verbunden, sodass ein noch höheres Maß an Rhythmisierung gefragt ist, um im Schritt zu bleiben. Zugleich wird die Wahrnehmung über die Verstärkung des taktilen wie auditiven Bereichs auf neue Eindrücke konzentriert.

- „Ein Bild erstellen"
  Die Gruppe erhält die Aufgabe, in Gemeinschaftsarbeit aus Materialien der nahe liegenden Umgebung ein Bild eigener Wahl zu schaffen, um eine gemeinsame Spur zu hinterlassen.

- „Die Gipfelrunde"
  Auf dem Gipfel bzw. am jeweiligen Tagesziel hinterlassen die Teilnehmer ein gemeinschaftliches Zeichen, welches ihre Verbundenheit ausdrückt.

2. Das Erwandern eines Bergs als Partner: ***Zusammen einen Weg gehen***

Die Gesamtgruppe teilt sich in Kleingruppen auf, wobei das Ziel für alle gleich bleibt. Wichtig ist hier im Vorfeld die genaue Absprache des Wegs zur Erreichung des gemeinsamen Ziels. Ratsam ist ebenfalls das vorherige Vereinbaren von Treffpunkten, um zum einen sicherzugehen, dass alle noch auf dem Weg sind, und zum anderen allen die Sicherheit zu geben, dass man auf sie wartet oder nach wie vor hinter ihnen ist. In der gemeinsamen Anstrengung finden die Teilnehmer zumeist eine kooperativ bestimmte, gegenseitige Motivation.

Spielvorschläge sind hier:
- „Die Eisenbahn"
  Die mitgeführten Wanderstöcke werden zwischen zwei Teilnehmer quasi als Antriebsarme wie bei einer Lokomotive geführt, sodass der vorne Gehende die Funktion einer Zugmaschine übernimmt und den Gehrhythmus vorgibt, der wiederum vom Zweiten aufgenommen wird.

- „Zeichensprache"
  Die Gruppen hinterlassen vorher ausgemachte Zeichen am bzw. auf dem Weg, um sich so den anderen mitzuteilen.

- „Gipfelrunde"
  Jede Gruppe sammelt nach und nach Materialien aus der direkten Umgebung, legt diese dann am Gipfel aus und beschreibt so den anderen den gemeinsam zurückgelegten Weg.

3. Einen Berg allein erwandern: ***Ich finde meinen Weg***

In der Erlebnispädagogik ist das sogenannte *Solo* eine sehr schwierige, weil herausfordernde Vorgehensweise, da sich jeder Einzelne mit sich selbst auseinander setzt und so in einen ganz persönlichen Grenzbereich geführt wird. Dies bedarf wiederum einer äußerst sanften Herangehensweise und einer sehr guten Kenntnis der Teilnehmer seitens der Gruppenleiter. Deshalb wird dieses Angebot nur dann umgesetzt, wenn sich einzelne Teilnehmer in Rücksprache mit den Gruppenleitern ganz bewusst dafür entscheiden. Wichtig sind hier exakte Absprachen den Weg betreffend und gegenseitige Kontaktierung, denn die Sicherheit steht immer über allem.

Das Solo lässt sich allerdings durchaus auch in eine Gemeinschaftaktion über einen begrenzten Zeitraum einbauen, um dem Einzelnen Freiraum für eine Besinnung auf sich selbst zu geben und sich in Bezug zur Umgebung und der jeweiligen Unternehmung wahrzunehmen.

7 Die praktische Umsetzung (Lücking, Boecker)

Dieses Kapitel orientiert sich hauptsächlich an den praktischen Erfahrungen, die in den letzten Jahren in der konzeptionellen Umsetzung der bisher eher theoretisch diskutierten Inhalte gemacht wurden. Es werden exemplarisch konkrete Projekte vorgestellt, praktikable Checklisten an die Hand gegeben und bewährte Reflexionsmöglichkeiten aufgezeigt.

7.1 Die Kletterwoche

Das Projekt „Kletterwoche" findet als klassenübergreifendes Vorhaben 2x jährlich an vier aufeinander folgenden Tagen in einem Kletterzentrum in Dortmund statt und erstreckt sich jeweils über einen Zeitraum von vier Stunden. Nachdem in den vorausgegangenen Jahren verschiedene Umsetzungsmöglichkeiten ausprobiert wurden, die alle gewisse Vor- und Nachteile aufweisen, hat sich die Methode der Projektwoche letztlich durchgesetzt, da Inhalte und Eigenentfaltung innerhalb der kompakten Zeitspanne optimal aufeinander abgestimmt werden, Ängste ohne Druck bearbeitet werden und klettertechnische Fähigkeiten ohne Unterbrechung gefördert werden können.

7.1.1 Der Aufbau

Die äußere Planung sieht vor, dass in den Vormittagsstunden neue Inhalte eingeführt werden, die in der Nachmittagszeit in weiteren, z. T. schwierigeren bzw. herausfordernderen Situationen erprobt und gefestigt werden sollen. Das personelle Verhältnis von 1:2 erlaubt dabei eine auf individuelle Bedürfnisse bezogene Herangehensweise. Des Weiteren müssen unumgänglich Zeiten freigehalten werden, die den Teilnehmern im Sinne von Offenheit zur freien Verfügung stehen, um ihre gewonnenen Erfahrungen und Fertigkeiten in selbst gewählten Routen anzuwenden und zu festigen.

Ausgehend davon, dass es sich bei den Teilnehmern zunächst um Kletteranfänger handelt, hat sich der folgende Aufbau als besonders günstig erwiesen:

1. „Wir fangen klein an!"
2. „Und wie kommen wir wieder herunter?"

Am ersten Tag sollen die Teilnehmer erste Erfahrungen in der sportmotorischen Basisfähigkeit Klettern machen. Sie sind als Einstieg in eine methodische Reihe zu verstehen und geben den Teilnehmern die Möglichkeit, sich mit der neuen

Situation vertraut zu machen. Im Gegensatz zu den weiteren Tagen finden die ersten beiden, inhaltlich vorgeplanten Kletterstunden direkt hintereinander statt, um den Teilnehmern grundlegende Fähigkeiten zu vermitteln, die ihnen das Klettern an den Kletterwänden ermöglichen. Dazu zählen beispielsweise erste einfache Aufstiege und die technische Möglichkeit, durch ein Seil gesichert und als Abschluss des Klettervorgangs abgeseilt zu werden. Es werden nur wenige Bewegungsaufgaben gestellt, sodass die Kletterer nicht überfordert werden und die Anfangsmotivation erhalten bleibt. Des Weiteren dienen sie dem sichernden Begleiter dazu, durch intensive Beobachtung der Kletterer einen Aufschluss über deren kletterbezogenen Entwicklungsstand zu ermitteln.

3. „So stehen wir am besten in der Wand!"
4. „Was gibt es denn da zu holen?"

Ab dem zweiten Tag werden den Teilnehmern grundlegende Kletterprinzipien vermittelt. Im Verlaufe der dritten und vierten Klettereinheit lernen sie das Prinzip der Drei-Punkt-Regel kennen, die ihnen ein sicheres und stabiles Klettern ermöglicht. Dabei dient die dritte Einheit der Einführung der genannten Regel, indem eine spielerisch orientierte Bewegungsaufgabe vorgegeben wird. In der vierten, am Nachmittag stattfindenden Stunde, sollen die Kletterer ihre Erfahrungen situationsangemessen an höheren und zunehmend schwierigeren Kletterrouten umsetzen und ihre Fähigkeiten dadurch erweitern und festigen.

5. „Wir erfühlen den richtigen Weg!"
6. „Wir werden immer besser!"

In der fünften und sechsten Einheit sollen die Teilnehmer erfahren, dass das Klettern bei möglichst optimaler Ausnutzung der Griffe und Tritte ein weiteres Prinzip ist, welches das Klettern erleichtert. Dazu sollen sie mit verschlossenen Augen an der Boulderwand klettern, um den taktilen Sinn durch das Ausschalten des visuellen Sinns für die Form der Griffe und Tritte zu sensibilisieren. Diese Einsicht in das Prinzip des optimalen Formschlusses sollen sie in der Übungsstunde am Nachmittag erneut in weiteren Routen anwenden und festigen und dadurch weitergehende Bewegungserfahrungen in der sportmotorischen Basisfähigkeit Klettern machen.

7. „Mit kleinen Schritten geht es besser!"
8. „Wir erklettern uns den gemeinsamen Abschluss!"

In der siebten Einheit soll den Teilnehmern vermittelt werden, dass das Klettern mit kleinen Schritten und vorrangiger Hubarbeit der Beine eine Vereinfachung und Ökonomisierung des Kletterns darstellt. Dabei sollen sie, durch Bewegungsaufgaben angeregt, entweder sehr große oder kleinere Schritte machen und auf diese Weise das Prinzip erkennen und umsetzen.

Die achte Übungseinheit stellt einen gemeinsamen Abschluss des Kletterprojekts dar. Die Kletterer sollen unter Anwendung der ihnen bekannten Regeln und Prinzipien eine relativ einfache, und daher für alle Teilnehmer zu bewältigende Route erklettern und sich von deren Spitze ein Stück Kuchen als Belohnung abholen.

Wichtig bleibt anzumerken, dass diese vorgedachten Einheiten keinen starren Rahmen bilden und sowohl für den Einzelnen als auch im Bedarfsfall für die gesamte Gruppe für Änderungen oder Wünsche offen bleiben. Des Weiteren sollten immer wieder Zeiten eingeplant werden, in denen sich die Gruppe zusammensetzt und über Erfahrungen, Erfolge und etwaige Misserfolge austauscht (z. B. die sogenannte „Thekenrunde" als Abschluss einer Tagesaktivität). Zudem muss jedem Teilnehmer die Möglichkeit geboten werden, Leistungen vorzuführen, die anschließend in jedem Fall honoriert werden.

7.1.2 Inhalte und Ziele

In den dargestellten Einheiten steht die Förderung der sportmotorischen Basisfähigkeit Klettern im Vordergrund. Im Rahmen des genannten Kletterprojekts sollen die Teilnehmer durch die Anwendung der motorischen Basisfähigkeit Klettern und deren erweiterte Formen ihre Kompetenzen in diesem Bereich in verschiedenen Klettersituationen erproben, individuelle Bewältigungsstrategien entwickeln und durch das erweiterte Bewegungsrepertoire ihre Handlungsfähigkeit im motorischen Bereich verbessern. Darüber hinaus sollen sie im emotionalen und sozialen Bereich lernen, sich selbst wahrzunehmen, ihre Bewegungshandlungen möglichst selbstständig und eigeninitiiert zu planen sowie durch das gemeinsame Erleben der Klettersituationen sich besser auf ihre jeweiligen Partner einlassen zu können.

Auf der Grundlage dessen können die folgenden, übergeordneten Zielformulierungen getroffen werden:

1. **Funktionell** sollen vorhandene Bewegungsfertigkeiten gefestigt und neue erworben werden, es sollen motorische Störungen verringert oder ausgeglichen werden, die körperliche Leistungsfähigkeit soll gesteigert und die Bewegungsmöglichkeiten des Einzelnen sollen voll genutzt werden.

2. **Im psychischen Bereich** soll die Freude an Bewegungen geweckt, das Selbstvertrauen gestärkt und Mut zur Selbstständigkeit angebahnt werden sowie ein Abbau der Angst vor körperlichem Versagen erfolgen.

3. **Im sozialen Bereich** wird die Möglichkeit zur Verbesserung der Kontaktaufnahme, das Anerkennen von Regeln und die Vorteile des Miteinanders hervorgehoben.

Diesen drei Aspekten wird das Klettern, wie in mehreren vorhergehenden Kapiteln dargestellt, in besonderer Weise gerecht. Für die Durchführung des vorgestellten Kletterprojekts soll die folgende Zielformulierung richtungsweisend sein:

Die Teilnehmer sollen durch die individuelle Bewältigung verschiedener, ihren jeweiligen Fähigkeiten entsprechenden, Kletterrouten die sportmotorische Basisfähigkeit Klettern in Anlehnung an ausgewählte Grundprinzipien des Sportkletterns erweitern und dadurch ihr Bewegungsverhalten und somit ihre motorische Handlungskompetenz im Alltag verbessern. Darüber hinaus sollen sie im sozial-emotionalen Bereichs, Ängste abbauen können und sich als Mitglied der Gruppe über das erlebnishafte Miteinander verstehen.

Im Einzelnen sollen die Teilnehmer im **motorisch-kletterspezifischen** Bereich
- verschiedene Kletterrouten bewältigen.
- durch Bewegungsaufgaben angeregt, individuelle Strategien zur Bewältigung der Routen entwickeln.
- ungesichert in Absprunghöhe klettern.
- das Abseilen erlernen.
- möglichst stabil und sicher klettern.
- die Griffe und Tritte großflächig ausnutzen.
- möglichst kleinschrittig und Kraft sparend klettern.
- unter Anwendung der Grundprinzipien zunehmend ökonomischer klettern.

Im Einzelnen sollen sie im **sozial-emotionalen** Bereich
- das Klettern als Medium zur Angstbewältigung erleben.
- über Erfolgserlebnisse positives Vertrauen in eigene Fähigkeiten finden.
- ihre Motivation, sich auf Unbekanntes/Neues einzulassen, steigern.
- sich als Partner innerhalb einer Gruppe verstehen.
- anderen positive Rückmeldung geben.
- sich auf den Sichernden als Seilpartner verlassen können.
- eigene Schwächen erkennen und ausdrücken.

- bei anderen Schwächen zulassen.
- über das Klettern innerhalb der Gruppe ein angemessenes Selbstbewusstsein erlangen.

Im Einzelnen sollen sie im **körperkoordinativen** Bereich
- ihre Orientierungsfähigkeit ausbauen.
- ihre Reaktionsfähigkeit stärken.
- ihr Gleichgewichtsgefühl verbessern.
- ihre Rhythmusfähigkeit erweitern.

Unter Berücksichtigung der vorhandenen Fähigkeiten der einzelnen Teilnehmer und im Hinblick auf die Komplexität des Bereichs Sportklettern in einer Kletterhalle müssen bestimmte Einschränkungen vorgenommen werden, um der speziellen Bedürfnislage geistig behinderter Kinder und Jugendlicher gerecht zu werden.

Es bietet sich an, Vorgaben für das Bewältigen einer Kletterroute dadurch zu machen, dass die Bewegungssituationen von der Lehrkraft planvoll und an der Lernausgangslage des Kletterers orientiert ausgewählt werden. Im Rahmen des Besuchs einer Kletterhalle lässt sich dies dadurch realisieren, dass den Teilnehmern aus der Vielzahl unterschiedlicher Kletterrouten verschiedener Schwierigkeitsgrade bestimmte Kletterrouten zu deren Bewältigung vorgegeben werden. Auf diese Weise werden die Teilnehmer durch den hohen Aufforderungscharakter der Erlebnissituation angeregt, sich im Sinne der intendierten motorischen Fähigkeit zu bewegen und ein gewisses Risiko in Kauf zu nehmen, sich aber dennoch in einer Bewegungssituation zu befinden, die ihren persönlichen Voraussetzungen entspricht und ihnen Orientierung und Halt bietet.

Dabei muss beachtet werden, dass der erlebnisorientierte Rahmen des Projektes die Teilnehmer auf der einen Seite zwar ermutigen und motivieren kann, indem durch intensive Bewegungserfahrungen positive Emotionen vermittelt werden, auf der anderen Seite jedoch das Eingehen von Risiken den behinderten Menschen auch verunsichern und entmutigen kann. Aus diesem Grund erscheint es von großer Bedeutung, ein ausgewogenes Verhältnis zwischen der emotionalen Befindlichkeit, den motorischen Fähigkeiten und den Anforderungen des Kletterns herzustellen, um die Teilnehmer des Projekts einerseits zu motivieren und an den Rand des gerade noch Leistbaren zu bringen, sie aber andererseits durch eine Überforderung nicht zu demotivieren.

Wichtig ist, dass der offene Charakter der Bewegungssituationen trotz der Vorgaben erhalten bleibt, damit die Teilnehmer ganzheitliche und individuell bedeutsame Bewegungserfahrungen machen können. Unter diesem Aspekt findet eine weitere Reduktion dadurch statt, dass es beim Besuch des Kletterzentrums nicht um die Vermittlung sportartspezifischer Techniken des Sportkletterns geht, sondern um ganzheitliche und erlebnisorientierte Bewegungserfahrungen im Bereich der sportmotorischen Basisfertigkeit Klettern. Dies schließt jedoch nicht aus, dass bei einigen Teilnehmern Grobformen bestimmter Klettertechniken vermittelt werden können, denn häufig nutzen die Teilnehmer unbewusst bestimmte Techniken und Grundprinzipien. Eine weitere Reduktion der Inhalte nehmen die Teilnehmer vermutlich selbst vor, wenn sie auf Grund realistischer Selbsteinschätzung nur so weit gehen, wie sie es sich selbst und ihren Fähigkeiten zutrauen. Für Einzelne, die nur über ein gering ausgeprägtes Eigenzutrauen verfügen, bedeutet dies auch, dass die Begleitpersonen sie zu Bewegungen ermuntern, die mit einem subjektiv höheren Risiko verbunden sind.

Eine weitere Eingrenzung des Sportkletterns findet im Rahmen des Kletterprojekts dadurch statt, dass das Sichern der Kletterer nur von den begleitenden Lehrpersonen und nicht von den Teilnehmern in Partnerarbeit durchgeführt wird. Diese Reduktion im Bereich der Sozialform dient vorrangig der Sicherheit der Teilnehmer und somit der Reduzierung des Gefahrenmoments. Da die Kletterhöhe in bestimmten Routen ein beachtliches Maß annehmen kann, muss eine optimale Sicherung erfolgen, d. h., das Seil muss stets ausreichend gespannt sein, um bei einem Sturz in das Seil die Phase des „freien" Falls möglichst kurz zu halten. Zudem fühlen sich die weitaus meisten Teilnehmer sicherer, wenn sie von einer Lehrperson, der sie vertrauen, gesichert werden und sind dadurch auch eher bereit sein, ein persönlich empfundenes Risiko einzugehen. Das Anlegen der Klettergurte sowie das Einbinden in das Seil muss stets von den sichernden Lehrpersonen überprüft werden, was nicht ausschließt, dass einzelne Teilnehmer bei entsprechender Einführung durchaus in der Lage sind, sich den Klettergurt anzulegen und sich eigenständig sachgerecht einzuknoten. Allerdings sollte immer das Prinzip der „Vieraugenkontrolle" absoluten Vorrang genießen; gemeint ist, dass Kletterer und Sichernder sich gegenseitig von der Richtigkeit ihres Tuns überzeugen.

7.1.3 Methoden und Organisation

Die bereits erörterten Aspekte machen deutlich, dass das Klettern möglichst ganzheitlich und erlebnisorientiert vermittelt werden sollte, um den Teilnehmern die Möglichkeit zu geben, selbstbestimmt und explorierend die offenen Bewegungsaufgaben erfüllen zu können.

Ein Prinzip, welches sich an der lehrgangsgemäßen Vermittlung bestimmter Bewegungsmuster orientiert, kann hierbei nicht zur Anwendung kommen, ohne die offenen Bewegungsaufgaben in ihrer individuellen Bewältigung einzuengen. So weisen auch Kümin und Müller (1993) darauf hin, dass Bewegungsaufgaben in der Methodik des Kletterns eine zentrale Stellung einnehmen. „Sie fordern von den Schülern eigenständiges und problemlösendes Handeln und zwingen sie, Lösungen zu finden, die nicht nur der Situation, sondern auch ihrer Konstitution und ihren Kraftverhältnissen entsprechen. Bewegungsvorgaben würden dem Klettern als offene Fertigkeit nicht gerecht werden" (Kümin & Müller, 1993, S. 25).

Vielmehr bietet sich die Vermittlung eines solch komplexen Inhalts in Form eines Projekts an. Diese Vermittlungsform bietet den Teilnehmern die Gelegenheit, sich intensiv mit den Inhalten auseinander zu setzen und so in kurzer Zeit große Fortschritte zu erzielen. Insbesondere geistig behinderten Kindern und Jugendlichen kommt diese Form der Vermittlung auf Grund ihres „praxisgeleiteten und situationsverhafteten Lernens" (Kultusminister NRW, 1980a, S. 14) entgegen. Auch Meyer (1987, S. 334f.) weist darauf hin, dass Projektwochen sich besonders gut dazu eignen, Inhalte zu vermitteln, die nicht im Fächerspektrum vorgesehen sind. Zudem ergibt sich eine vertiefende Nähe zwischen den Teilnehmern und den Anleitern. Dieser Aspekt ist besonders beim Klettern von Bedeutung, da sich die Teilnehmer auf ein, wenn auch kalkulierbares, Risiko einlassen müssen. Insbesondere bei geistig behinderten Kindern ist dazu ein Vertrauensverhältnis zu den begleitenden Personen erforderlich, wie es nur durch intensiven Kontakt, wie beispielsweise in einer Projektwoche, entstehen kann.

Ein planvolles Auswählen der Bewegungssituationen ermöglicht es, dem Prinzip der Individualisierung und Differenzierung innerhalb einer heterogenen Teilnehmergruppe Rechnung zu tragen. Durch das gezielte Aussuchen der Routen für jeden einzelnen Kletterer, in Anlehnung an seine individuellen Voraussetzungen, werden persönlich bedeutsame Lernerfolge möglich. Dabei ist auf eine genaue Passung der Anforderungen zu achten, sodass der Einzelne weder unternoch überfordert wird. Diese Vorgehensweise wird durch individuelle und auf den jeweiligen Teilnehmer zugeschnittene verbal-gestische und körperliche Hilfestellungen unterstützt.

Dabei kommt das Prinzip „vom Leichten zum Schweren" zum Tragen, da die zu kletternden Routen entsprechend dem Lernzuwachs zunehmend schwieriger ausgewählt und die Bewegungsaufgaben komplexer werden können. So sollen die Teilnehmer zunächst grundlegende Erfahrungen in der Anwendung des Kletterns sammeln sowie individuelle Lösungswege finden und erst im Anschluss daran, wenn ihre Fähigkeiten dies zulassen, einige grundlegende Prinzipien erproben.

Eine Lernzielkontrolle findet beim Sportklettern dadurch statt, dass eine unmittelbare Rückmeldung über den Erfolg der Bewegung vollzogen wird, indem der Kletternde bei unangemessenen Bewegungen keinen ausreichenden Halt mehr hat und in das Seil stürzt. Dabei soll diese, durch die Struktur des Sportkletterns vorgegebene Art der Kontrolle, nicht zum Vergleich mit weiteren Teilnehmern oder zu einer Einschätzung im Sinne von richtig oder falsch durch die Sichernden führen, sondern dem Kletternden lediglich eine individuelle Rückmeldung über seine Bewegung ermöglichen. Der Vorteil dieser Form der Rückmeldung liegt darin, dass sie nicht von außen gegeben wird und somit weit gehend wertfrei ist, sodass trotz eventueller Misserfolge die Motivation wächst, die Klettersituation erfolgreich zu bewältigen. Die Stürze bedeuten auf der einen Seite eine sofortige Lernerfahrung, zu häufiges Stürzen kann jedoch auch zu einer Entmutigung führen. An dieser Stelle wird erneut die Bedeutung der richtigen Routenwahl durch die Lehrperson deutlich.

Das Klettern in einem Kletterzentrum ermöglicht das Erreichen von großen Höhen und bringt somit die Notwendigkeit mit sich, sich zu überwinden und ein gewisses Risiko einzugehen. Um auftretende Spannungen, Ängste und Gefühle auffangen zu können, ist es erforderlich, die jeweilige Situationen zu reflektieren. Dabei sollen die Teilnehmer Gefühle und Ängste gegenüber sich selbst zulassen und verbalisieren, damit eine Auseinandersetzung erleichtert und dadurch eine Bewältigung ermöglicht wird (vgl. Anschlag, 1992, S. 44f.). Zudem kann das Austauschen von Erfahrungen und Erlebnissen dazu führen, Lern- und Entwicklungsprozesse in Gang zu setzen, die auf den Alltag übertragen werden können.

Die hohe Motivation, die das Klettern in einer Kletterhalle mit sich bringt, kann unter Umständen durch die starken Anforderungen im psychischen und emotionalen Bereich beeinträchtigt werden, sodass es notwendig erscheint, weitere motivationale Anreize in die Einheiten einzubringen. Dazu eignen sich unter anderem als Form der extrinsischen Motivation das Erreichen materieller Verstärker, die an einer bestimmten Stelle in der Kletterwand angebracht sind. Zunehmend sollen die Teilnehmer jedoch von der Motivation von außen unabhängig werden und sich, durch persönliche Erfolge motiviert, eigene Anregungen und Herausforderungen an der Kletterwand suchen.

Die Vorteile einer künstlichen Kletteranlage liegen zum einen in der Unabhängigkeit von nicht zu beeinflussenden Faktoren, wie die des Wetters, und zum anderen ist das Klettern an Kunstwänden sicherer als am Naturfelsen (vgl. Neumann, 1993, S. 10). Hinzu kommen Aspekte wie die unmittelbare Verfügbarkeit von Material und Ausrüstung, die Überschaubarkeit einer künstlichen Kletteranlage im Vergleich zum Aufenthalt in natürlichen Klettergärten sowie das Auswählen geeigneter Routen bzw. deren Umbau in Anlehnung an die speziellen Voraussetzungen des jeweiligen Teilnehmers (vgl. Witzel, 1998, S. 138). Der „Fachlehrplan für differenzierten Sportunterricht. Sportklettern" (DAV, 1997) legt sogar fest, dass „ständiger Unterricht im Sportklettern nur an künstlichen Kletterwänden durchgeführt werden" (DAV, 1997, S. 1) darf. Ein weiterer organisatorischer Aspekt ist die Erreichbarkeit einer künstlichen Kletteranlage. Der Anfahrtsweg beträgt in diesem Fall etwa eine Stunde mit schuleigenen Kleinbussen.

Dem **Sichernden** kommt innerhalb der Sicherungskette eine ganz entscheidende Rolle zu. Aus diesem Grund erscheint es den Autoren wichtig, diese nochmals deutlicher als bisher auszuleuchten.

Wichtigste Voraussetzung ist natürlich die Beherrschung der in Kapitel 2 dargestellten Techniken bezüglich des Kletterns und des Sicherns. Allerdings sollte der Sichernde nach Autorenmeinung darüber hinaus noch mehr mitbringen, um zielgruppenbezogen eine funktionierende Klettergruppe aufzubauen. Denn vor der Weitergabe des Erlebens sollte das Eigenerleben stehen. Nur derjenige, der selbst schon unter unterschiedlichsten Bedingungen in der Wand war, kann nachvollziehen, was in dem Kletternden vorgeht, der von ihm gesichert wird. Das Einfühlungsvermögen in den Kletterer entwickelt sich also nur, wenn der Sichernde mitempfinden kann. Wichtig wird dies vor allen Dingen in Situationen, die grenzwertig sind bezüglich der physischen wie psychischen Belastbarkeit, die gerade beim Klettern oftmals eng miteinander einhergehen. Der Sichernde sollte sich eigentlich ständig über die eigene Hinterfragung mit dem Kletternden auseinander setzen:

- Bis zu welcher Höhe lässt sich der Kletterer von außen motivieren?
- Bis wann ist extrinsische Motivation angebracht, ohne den Kletterer zu blockieren?

- Lasse ich den Kletterer ab oder kann ich ihm einen Weiterstieg zumuten?
- Ist es günstiger, dem Kletterer Zeit und mehrere Versuche zu geben oder ihn zum Erfolgserleben anzutreiben?
- Was sagen Körperhaltung und Gestik/Mimik über die Verfassung des Kletterers aus?
- Bin ich voll konzentriert und gebe dem Kletterer die Sicherheit, die er nötig hat? usw.

Gerade für den geistig behinderten Kletteranfänger ist das vollste Vertrauen in den Sichernden von entscheidender Bedeutung für Fortschritte in seiner Persönlichkeitsentwicklung, wohingegen durch Unachtsamkeit aufgebaute Blockaden nur sehr schwer wieder aufzuarbeiten sind. Besonderer Beachtung bedarf auch der Hinweis, dass Routine nicht zu Nachlässigkeit führen darf. Besser ist es, sich selbst und die Technik immer wieder zu überprüfen und gegebenenfalls vom Kletterer überprüfen zu lassen („Prinzip der Vieraugenkontrolle"), wodurch sich dieser zusätzlich enger in die Sicherungskette involviert fühlt.

7.1.4 Grundlegende technomotorische Fähigkeiten beim Klettern

Aus den im Folgenden in Oberbegriffen dargestellten grundlegenden Fähigkeiten lässt sich eine Checkliste entwickeln, die im Anhang dieses Buches als kopierfähige Checkliste ausgearbeitet vorliegt. Für das Klettern ergeben sich aus sportpädagogischer Sicht die Bereiche

Allgemeine sportliche Fähigkeiten wie
- Kraft und
- Beweglichkeit.

Koordinative Fähigkeiten wie
- Orientierungsfähigkeit,
- Reaktionsfähigkeit,
- Gleichgewichtsfähigkeit und
- Rhythmusfähigkeit.

Persönlichkeitsmerkmale wie
- Anstrengungsbereitschaft,
- Mut/Risikobereitschaft,
- Eigeninitiative und
- realistische Selbsteinschätzung.

Fähigkeiten im Bereich der Wahrnehmung wie
- visuelle Wahrnehmung,
- taktile Wahrnehmung und
- propriozeptive Wahrnehmung.

- **Sportartspezifische Fähigkeiten wie**
- Bouldern,
- Quergang,
- Steigtechnik,
- Reibungstechnik,
- Gegendrucktechnik,
- Eindrehtechnik,
- Spreiztechnik,
- Stemmtechnik und
- Stürzen und Abseilen.

7.1.5 Die Umsetzung

Erster Tag, geplanter Ablauf:

10.00 Uhr	Ankunft im Kletterzentrum. Gemeinsames Frühstück. Die neue Räumlichkeit wirken lassen. Absprache einzuhaltender Verhaltensregeln.
10.30 Uhr	Gruppe versammelt sich. Teilnehmer äußern Erwartungen, Befürchtungen und Wünsche. Leiter geben Überblick über geplante Einheiten.
10.40 Uhr	Erste Einheit: „Wir fangen klein an!" – Sammeln erster Erfahrungen beim ungesicherten Klettern an der Boulderwand in Absprunghöhe in verschiedenen Varianten: 1. Ohne Vorgabe. 2. Im Quergang hintereinander her. 3. Sich gegenseitig entgegenkommen. Wichtig: Aufnehmen von Teilnehmerimpulsen.
11.20 Uhr	Erste Austauschrunde. Ausblick auf die anschließende Einheit.
11.40 Uhr	Zweite Einheit: „Und wie kommen wir wieder herunter?" - Erste Erfahrungen an einer Kletterwand über Topropesicherung mit

	Schwerpunkt Abseilen:
	Anlegen der Klettergurte.
	Klettern an der „Rehawand".
	Demonstration des Abseilens durch Plakat und anschließende Vorführung durch einen erfahrenen Kletterer (günstig: ein Jugendlicher, der schon bei vorherigen Veranstaltungen Teilnehmer war).
	Bildung von Zweiergruppen, die in zwei Routen parallel zueinander klettern und abgeseilt werden.
	Erste Abseilversuche aus geringen Höhen mit Bewegungskorrekturen.
	Teilnehmer beobachten und korrigieren sich gegenseitig.
	Klettervorgänge werden auf Video aufgezeichnet.
12.30 Uhr	Zweite Austauschrunde.
12.40 Uhr	Mittagessen und Betrachten der Videoaufnahme; Möglichkeit der Eigenkorrektur.
13.15 Uhr	Freie Einheit; Teilnehmer haben die Möglichkeit, das Erlernte frei anzuwenden und auszuprobieren. Kletterspielform „Tarzanschaukel" – Teilnehmer klettern in einen Überhang und lassen sich ins Seil fallen
13.50 Uhr	Abschlussrunde: Gemeinsames Getränk und Tagesreflexion. Ausblick auf den nächsten Tag.

Zweiter Tag, geplanter Ablauf:

10.00 Uhr	Einstieg wie Tag 1.
	Einklettern an der Boulderwand.
	Anlegen der Klettergurte.
10.40 Uhr	Erste Einheit: „So stehen wir am besten in der Wand!" – Spielerische Anwendung der Drei-Punkt-Regel („Staffelklettern") 2 Teilnehmer klettern an der Reha-Wand parallel zueinander. An vorher vereinbarten Stellen wird ein Staffelstab von einem zum anderen übergeben. Ziel: Finden eines sicheren Standes. Anschließende Reflexion über Verbalisierung oder direkte Bewegungskorrektur
11.30 Uhr	Freie Klettereinheit.
12.30 Uhr	Austauschrunde.
12.40 Uhr	Mittagessen.

13.00 Uhr	Zweite Einheit: „Was gibt es denn da zu holen?" – Weitere Anwendung und Vertiefung der Drei-Punkt-Regel („Säckchenklettern"). Mit „Motivatoren" gefülltes Säckchen wird fähigkeitsentsprechend in eine Route gehängt. Teilnehmer erklettern sich eine „Belohnung".
13.50 Uhr	Abschlussrunde: siehe erster Tag

Dritter Tag, geplanter Ablauf:

10.00 Uhr	Einstieg wie Tag 1. Einklettern an der Boulderwand. Anlegen der Klettergurte.
10.40 Uhr	Erste Einheit: „Wir erfühlen den richtigen Weg!" – Ökonomisierung der Klettertechnik über das Bouldern mit verbundenen Augen; Verbesserung des Handschlusses und der Antritttechnik („blindes Bouldern/Klettern"). Vor die Boulderwand wird eine Weichbodenmatte gelegt. Den Teilnehmern werden die Augen verbunden. Queren an der Boulderwand. Kletterer werden von Anleitern verbal und über Führung begleitet. Reflexion: Verbalisieren der taktilen Wahrnehmungseindrücke sowie der inneren Spannung.
11.20 Uhr	Freie Klettereinheit.
12.20 Uhr	Austauschrunde.
12.30 Uhr	Mittagessen.
13.00 Uhr	Zweite Einheit: „Wir werden immer besser!" – Vertiefende Anwendung der bisher gemachten Erfahrungen an unterschiedlichsten Kletterrouten. Aufteilung in Partnergruppen. Gemeinsame Wahl der Kletterrouten. Gegenseitige Korrektur und Motivierung.
13.50 Uh	Abschlussrunde: siehe erster Tag.

Vierter Tag, geplanter Verlauf:

10.00 Uhr	Einstieg wie Tag 1. Einklettern an der Boulderwand.

	Anlegen der Klettergurte.
10.40 Uhr	Erste Einheit: „Mit kleinen Schritten geht es besser!" – Vorrangige Hubarbeit der Beine und Klettern in möglichst kleinen Schritten. Erklettern einer Route über wenige markierte Griffe und Tritte (große Schritte). Erklettern der gleiche Route über alle Griffe und Tritte (kleine Schritte). Herausarbeiten der Vor- bzw. Nachteile.
11.30 Uhr	Freies Klettern.
12.20 Uhr	Austauschrunde.
12.30 Uhr	Mittagessen.
13.00 Uhr	Zweite Einheit: „Wir erklettern uns den gemeinsamen Abschluss!" – Kletterspiel zur Vorbereitung der Wochenabschlussrunde. An unterschiedlichen Stellen werden Zutaten für einen „Kaffeeklatsch" versteckt. Zutaten müssen erklettert werden. Zusammtragen der Zutaten. Große Wochenabschlussrunde.

Es gilt zu beachten, dass der aufgezeigte Rahmen lediglich als Planungsgrundlage für eine Anfängerklettergruppe dienen soll und als variable Größe betrachtet werden kann. Im folgenden Teil werden Variationen zu den einzelnen Einheiten aufgezeigt, die alternativ zu den bereits beschriebenen Einheiten Anwendung finden können.

7.1.6 Spiel- und Lernformen zum Bouldern und Topropeklettern

Bouldern
- *Freies Bouldern:* Klettern in Absprunghöhe ohne besondere Bewegungsaufgabe unter gegenseitiger Rücksichtnahme. Eingesetzt wird diese Spielform zur Erwärmung, zum Einklettern bzw. zum ersten Herantasten.

- *Der Quergang:* Die gesamte Gruppe quert in vorgegebener Reihenfolge hintereinander eine Boulderstrecke; wird ebenfalls zur Erwärmung eingesetzt aber auch, um einen (Kletter-)Weg zu finden oder die Gruppe gemeinsam handeln zu lassen.

- *Blindes Bouldern:* Klettern in Absprunghöhe mit verbundenen Augen unter Führung bzw. Zuhilfenahme eines Betreuers, der verbal bzw. über Körperführung Anweisungen gibt; Ziel dieser Spielform ist zum einen die klettertechnische Förderung in Bezug auf den Formschluss der Hand, wobei der Kletterer lernen muss, sich auf seinen taktilen Wahrnehmungsreize zu verlassen, ohne dass die Augen die Endkontrolle übernehmen und zum anderen wird der Kletterer dazu veranlasst, sich ganz und gar auf den später Sichernden zu verlassen. Hinzu kommt natürlich, dass das blinde Klettern eine große Herausforderung an die Persönlichkeit jedes Einzelnen darstellt.

- *Gegeneinander kreuzen:* Bedeutet, dass zwei Kletterer aufeinander zubouldern und in der Kletterwand kreuzen müssen, ohne diese zu verlassen. Diese Spielform fördert in hohem Maße die Kooperation.

Topropeklettern
- *Blindes Klettern:* Siehe blindes Bouldern; hinzu kommt die größere Höhe und die schwindende physische Anwesenheit des Sichernden; die Herausforderung für den Kletterer wird größer.

- *Staffelklettern:* Zwei Kletterer klettern an parallel direkt nebeneinander verlaufenden Routen; einer der beiden führt einen Staffelstab mit sich, der an einer bzw. mehreren markierten Stellen übergeben wird. Vor der Übergabe sollten beide einen sicheren Stand gefunden haben, um kontrolliert eine Hand von der Wand lösen zu können; zu diesem Zweck sollte der Sichernde das Seil relativ locker halten, damit der Kletterer sich während der Übergabe nicht ins Seil setzt. Ziel ist die Bewusstmachung der Drei-Punkt-Regel zur Unterstützung des sicheren Kletterns.

- *Tarzanschaukel:* Gemeint ist das Hineinklettern in einen relativ großen Überhang mit geplantem Sturz ins Seil. Hier soll der Kletterer ein Gefühl für das Stürzen bekommen und dabei bewusst nachvollziehen, dass er sich sowohl auf das Material als auch den Sichernden voll und ganz verlassen kann.

- *Griffe abstreichen:* Zwei Kletterer benutzen immer wieder hintereinander dieselbe Kletterroute, wobei bei jedem Aufstieg ein Griff mit einem Stück Kreide markiert wird, der anschließend von dem Nachfolgenden nicht mehr benutzt werden darf. Ziel dieser Übung ist eine Verbesserung der Klettertechnik kombiniert mit einem Ausdauereffekt.

- *Eingeklemmte Hand:* Der Kletterer benutzt für den Aufstieg nur einen Arm, während der andere leicht in den Klettergurt gesteckt wird. Dies führt zu einer Verbesserung der optischen Kontrolle sowie zu einer verstärkten Förderung des Gleichgewichts.

- *Die Himmelsleiter:* Eine Strickleiter, die neben der Befestigung an der Decke, nur an wenigen Fixpunkten befestigt ist und somit für das Klettern einen sehr labilen Untergrund bietet. Der Kletterer kann gegen seine gleichgewichtliche Unsicherheit anklettern und wird zugleich im koordinativen Bereich gefördert.

- *Säckchenklettern:* An einem relativ hohen Punkt innerhalb einer Kletterroute wird ein Säckchen mit „kleinen Verstärkern" angebracht, die es gilt, aus dem Beutel zu befreien. Der Kletterer wird herausgefordert, sich eine Belohnung zu erklettern und muss gleichzeitig einen sicheren Stand in der Wand erlangen, um an sein Ziel zu gelangen („Drei-Punkt-Regel").

- *Am frei hängenden Tau:* Klettern nach alter Väter Sitte am Tau, welches an der Hallendecke montiert ist, aber über eine Topropesicherung verfügt. Diese Form des Kletterns stellt eine starke Herausforderung an die Gesamtkoordination dar.

- *Strukturklettern:* Wenn in der genutzten Kletterhalle möglich, soll der Kletterer nur die Wandstruktur und nicht die Griffe und Tritte zum Klettern nutzen. Dadurch verbessert er seine Klettertechnik.

- *Klettern im Doppelpack:* Eine Klettertechnik, die speziell für stark bewegungsbeeinträchtigte oder sehr ängstliche Teilnehmer entwickelt wurde. Der Kletterer erhält am gleichen Seil einen Begleiter, der durch seine ständige Nähe Sicherheit bzw. Kontrolle gibt und zur Unterstützung im Bedarfsfalle eingreifen kann (s. Kap. 2.2.2).

- *Klettern in allen Varianten:* Gemeint ist das Ausschöpfen des Kletterhallenangebots zu unterschiedlichen Schwierigkeitsgraden sowie zu den aufgezeigten Klettertechniken. Ziel ist eine Verbesserung der Technik und der Aufbau einer gezielten Selbsteinschätzung in Bezug auf die persönlichen Fähigkeiten.

7.2 Das Wanderprojekt

Dieses Vorhaben ging aus dem vorher beschriebenen Kletterprojekt hervor und sollte dieses um ein rein natursportliches Erlebnis erweitern. Da das Bergwandern auf der sportmotorischen Seite den Ausdauerbereich und auf der erlebnispädagogischen Seite eher den rhytmisierenden Gruppenaspekt in den Mittelpunkt stellt, eröffnen sich weitergehende Förderbereiche, die durch das Klettern in dem Maße nicht so sehr angesprochen werden.

7.2.1 Exemplarische Vorstellung eines Wandergebietes – rund um die Tegernseer Alpen

Zur genaueren Orientierung und alpinen Einordnung seien an dieser Stelle verschiedene Wanderführer und die Wanderkarten des RV-Verlages empfohlen, die unabdingbar in den Rucksack gehören, denn an dieser Stelle können Wanderziele lediglich kurz vorgestellt und eingeordnet werden. Wichtig für die Einstufung in eine Attraktivitätsskala sind hierbei die Rückmeldungen der jeweiligen Teilnehmer.

Untergebracht war die Wandergruppe in mehreren Jahren in der Jugendherberge Kreuth/Scharling, von wo aus unterschiedliche Wandergebiete verkehrstechnisch gut erreichbar sind. Bei der Vorstellung unseres Wandergebietes, gemeint sind Tageswanderziele, die von unseren Gruppen bereits begangen wurden, werden folgende drei Gebiete beschrieben:

- **Rund um den Tegernsee,**
- **Rund um Kochel- und Walchensee,**
- **Rund um Garmisch-Partenkirchen.**

Rund um den Tegernsee
Das erstgenannte Gebiet bildet zugleich den Schwerpunkt, da keine längeren Fahrten (der Hinweg ist schon lang genug) vonnöten sind und zum anderen vom Anspruch her unterschiedlichste landschaftliche Strukturen geboten werden, wie

Der Leonhardstein oberhalb von Kreuth
Start ist im Ort; der Beschilderung folgend, zunächst durch den Ort, am Friedhof vorbei über Wiesen in einen ausgedehnten Mischwald, innerhalb dessen man den Leonhardstein auf der nördlichen Seite quert, um dann in den Gipfelsteig einzusteigen. Bis zu diesem Einstieg nutzt man gut markierte Wanderwege, die

nur mäßig ansteigen. Der letzte Teil der Wanderung dagegen ist anspruchsvoller und von einigen leichten Felsenklettereien begleitet. Die Ausgesetztheit des Gipfels bedarf eines gewissen Maßes an Trittsicherheit und Schwindelfreiheit. Diese Bergwanderung ist für uns eine Einstiegswanderung, da sie zum einen nicht allzu lang ist und zum anderen auf Grund des ersten, flacheren Teils (physische Eingewöhnung) und der abschließenden Kletterei (Stichwort: Herausforderung) sehr motivierend wirkt. Der Abstieg erfolgt auf dem gleichen Weg.

Hinzukommt bei gutem Wetter ein herausragender Blick über das gesamte Tal mit dem Tegernsee im Hintergrund. Trotz der Anstrengungen auf dem letzten Teilstück stufen unsere Wandergruppen diesen Berg als besonders empfehlenswert ein; wichtigster Grund hierfür ist die Mischung aus Spannung und Entspannung.

Die Königsalm bei Wildbad Kreuth
Kurze Wanderung über Almwiesen zu einer alten bewirtschafteten Alm mit traditionsreicher Geschichte. Die Wanderung lässt sich von der Königsalm aus in mehreren Varianten als Rundweg über weitere Almen oder als Gipfelanstieg (Schildenstein) variieren. Da nicht viele Höhenmeter zwischen dem Startpunkt und der Alm liegen und die Entfernung nicht allzu groß ist, lässt sich diese Wanderung gut als „zweiter Tag" zur besseren Gewöhnung nutzen und es lassen sich unterschiedlichste Spielformen auch am Wasser einbauen.

Die meisten Teilnehmer empfinden diese Wanderung als eher entspannend und wegen der unterschiedlichen Almen als sehr sehenswert wegen der wechselnden Natureindrücke (Wiesen, Pferde, Blumen, Wasser).

Der Hirschberg oberhalb von Kreuth
Der Hirschberg kann von mehreren ausgeschilderten Einstiegen aus begangen werden. Unsere Wandergruppen sind bisher in Kreuth-Scharling gestartet, da dadurch eine Anfahrt entfiel. Der erste längere Teil der Wanderung führt durch Scharling in ein ausgedehntes Waldgebiet auf einem großzügig angelegten Wanderweg. Der Einstieg in den Gipfel ist etwas ausgesetzter, stellt aber auch keine großen Ansprüche. Man gelangt zunächst an eine Almwirtschaft, um anschließend zum Gipfel zu kreuzen. Der Abstieg erfolgt dann als Rundweg über eine Skipiste oder aber den gleichen Weg wieder zurück. Auch diese Wanderung lässt sich gut als Einstieg in die Wanderwoche nutzen, da sie zwar gewisse Ansprüche an die Ausdauer stellt, aber dadurch einen guten aklimatisierenden Effekt birgt.

Unsere Gruppen empfanden insbesondere den Aufstieg als etwas lang(-atmig) und wenig abwechslungsreich, waren aber von der Gipfelalm zumeist angetan.

Ross- und Buchstein oberhalb von Kreuth
Ross- und Buchstein können auch von mehreren Stellen aus begangen werden, wobei der für uns schönste Aufstieg vom Parkplatz Bayerwald aus ist. Der zumeist steile Anstieg führt zunächst bis unterhalb des Zwillingsgipfels über gut zu begehende Bergsteige. Die Gipfel lassen sich nun auf verschiedenen Wegen erreichen: Entweder man nimmt den Gipfelsteig zum Rossstein oder aber man umwandert diesen und nutzt anschließend den „Altweibersteig", um hinauf zu gelangen. Ziel der Wanderung ist nicht in jedem Fall ein Gipfel, sondern vielmehr die zwischen den beiden Gipfeln gelegene „Tegernseer Hütte", die einmalig auf dem Gipfelgrat angelegt ist. Für den Abstieg gibt es unterschiedliche Varianten, die den Ausdauerreserven der jeweiligen Gruppe angemessen sein sollten. Die Wanderung sollte als Höhepunkt und zur Mitte einer Wanderwoche eingesetzt werden, da sie für unsere Zielgruppe als sehr anspruchsvoll eingestuft werden kann.

Unsere Gruppen empfanden die Wanderung als sehr anstrengend und herausfordend, waren aber vom Gipfelpanorama und der Zielhütte jedes Mal absolut beeindruckt und würden die Anstengung auf jeden Fall wieder auf sich nehmen.

Wallberg und Risserkogel oberhalb von Rottach-Egern
Auffahrt mit der Wallbergbahn von Rottach-Egern bis zum Hotel G`fäll Alm; dort zunächst das Panorama mit Blick auf den Tegernsee genießen; anschließend kurzer Gipfelanstieg zum Wallberg (relativ leichte Wanderung) oder Höhenweg zum Risserkogel mit abschließender leichter Kletterei bis zum Gipfel; der Höhenweg lässt sich als Hin- und Rückweg nutzen, es ist aber auch ein Rundweg mit einfachem Klettersteig (Drahtseilsicherung) möglich. Die Wanderung zum Risserkogel kommt der zur Tegernseer Hütte gleich und lässt sich als Wochenhöhepunkt einbauen.

Unsere Gruppen waren von der Kombination aus Gondelfahrt (Viererkabinen), Höhenweg und leichter Kletterei sehr angetan, wobei die Teilnahme am Gipfelstieg freigestellt war, aber von den Teilnehmern ausnahmslos genossen wurde im Hinblick auf das Gipfelerleben.

Die Baumgartenschneid oberhalb von Tegernsee
Der Weg zur Baumgartenschneid führt als Rundweg über mehrere ausgedehnte Almen und lässt freie Blicke sowohl auf den Tegernsee wie den Schliersee zu,

sodass diese Wanderung zumal bei gutem Wetter als reine Almwanderung für den Genusswanderer alles bietet. Nach dem ersten, etwas längeren Aufstieg bewegt man sich bis zur Baumgartenalm relativ auf einer Höhe und erreicht mehrer genussreiche Ruhe-/Rastplätze. Der Abstieg erscheint langwieriger, zudem er oft über längere Waldwege führt. Auf Grund des Charakters der Wanderung lässt sie sich gut als Abschluss oder zu Beginn einer Wanderwoche durchführen. Unsere Teilnehmer genossen vor allen Dingen das Almambiente und die Seeblicke, empfanden den Abstieg aber zumeist als zu langatmig.
Der Fockenstein oberhalb von Bad Wiessee
Für unsere Gruppen eine mittelschwere Gipfelwanderung, die über Waldsteige und eine gediegene Hütte (Aueralm) zum Gipfel führt und als Rundweg über eine Skipiste ins Tal geleitet wird. Vom Anspruch und Gruppenzuspruch entspricht der Fockenstein dem Hirschberg.

Rund um Kochel- und Walchensee:
Die beiden Seen
Das weitere Gebiet um die beiden Seen bietet sich landschaftlich sowohl als Wandergebiet als auch im Sinne eines Ruhetags an, der im Laufe einer Wanderwoche von ganz großer Bedeutung ist und sich nach den Wünschen der Gruppenmitglieder richten sollte.

Neben den beiden großen Bergseen, die schöne Ruhegebiete aufweisen, die geradezu zum Relaxen einladen, ist noch der Sylvensteinstausee zu nennen, dessen Anblick stellenweise grandios ist. Um Walchen- und Kochelsee herum bieten sich mehrere Tageswanderungen an.

Der Jochberg
Relativ steiler, aber kurzer Aufstieg, der längere Zeit durch den Wald führt und in Gipfelnähe immer offener wird. Zwischendurch sind immer wieder Blicke auf die Seen möglich. Unterhalb des Gipfels liegt eine größere Alm, über die der Abstieg verläuft. Auf Grund der exponierten Lage mit den herrlichen Seeblicken lässt sich diese Gipfelwanderung in die Mitte der Woche legen, denn sie wurde von unseren Teilnehmern als relativ anspruchsvoll eingestuft.

Herzogstand und Heimgarten
Sehr schöne Wanderung oberhalb des Walchensees, allerdings nur für sehr lauffreudige Gruppen zu empfehlen, da die Wege mitunter relativ zeitaufwändig sind, aber viele freie Ausblicke bieten.

Für einen Ruhetag bietet sich eine Rundtour, bestehend aus Entspannung und Kulturgenuss an. Die Entspannung holt man sich in Seenähe an unterschiedlichen Punkten, wie z.b. an der Mautstraße, die, gesäumt von Strandrastplätzen, am südlichen Ufer des Walchensees entlangführt. Kulturelle Höhepunkte bieten Bad Tölz (Stadtbummel), Benediktbeuren (Kloster) und Glentleiden (Freilichtmuseum). Sicherlich wären an dieser Stelle noch wesentlich mehr Orte zu nennen, aber für unsere Gruppen waren diese die Meist genannten auf den Wunschlisten.

Rund um Garmisch-Partenkirchen:
Dieses Wandergebiet ist auf Grund des Anfahrwegs für unsere Gruppen im Rahmen von Tageswanderungen das vom Ausgangspunkt Kreuth am weitesten entfernte:

Die Partnachklamm bei Garmisch
Ein viel besuchtes, aber auf Grund des Naturschauspiels sehr lohnenswertes Ziel, an das sich mit dem Eckbauer eine Gipfelwanderung oder über die Partnachalm eine Almwanderung anschließen kann. Beide Formen sind durchaus lohnenswert, sollten aber wetterabhängig geplant werden. Dieses Ziel lässt sich gut als Abschluss einer Wanderwoche planen, denn es bietet viele Eindrücke und stellt keine hohen Ansprüche an Kondition und Herausforderung. Die Teilnehmer waren immer wieder beeindruckt von dem Getöse innerhalb der Klamm und ließen sich im Schnitt viel Zeit beim Durchlaufen.

Der Kranzberg oberhalb von Mittenwald
Kurze Gipfelrundtour, an dessen Weg zwei kleine Seen liegen. Nicht sehr anspruchsvoll, aber deswegen nicht weniger genussreich auf Grund der unterschiedlichsten Eindrücke. Die Wanderung lässt sich gut als Einstieg in eine Woche planen und gefiel unseren Teilnehmern wegen der unterschiedlichen Natureindrücke.

Weitere Tageswanderungen sind durchaus möglich, wurden von uns aufgrund der Entfernung aber nicht mehr angesteuert.

7.2.2 Die Vorbereitung

Die Planung einer Wanderwoche umfasst, unter Berücksichtigung der speziellen Zielgruppe, wesentlich mehr als die physische Vorbereitung auf die Unternehmung und die entsprechende Ortskenntnis. Wichtig ist immer wieder auch die

Vermittlung einer bestimmten Einstellung zu der Unternehmung von allen beteiligten Seiten (Eltern, Teilnehmer, Leiter) sowie die Voraussetzungen, die jeder Einzelne in die Gruppe einbringt.

Die Gruppenzusammensetzung
Wie schon angeklungen, sollte jeder unserer Teilnehmer an einem Wanderprojekt zuvor an einer Kletterwoche teilgenommen haben. Auch wenn diese beiden Erlebnisformen ursächlich nicht unbedingt zusammenhängen, so lässt sich doch einiges über die Persönlichkeit des Einzelnen ablesen. Wichtige Persönlichkeitsbereiche für das Bergwandern sind (als kopierfähige Checkliste im Anhang zu finden):
- Aus dem physischen Bereich: Ausdauer, Koordination, Belastbarkeit.
- Aus dem sozial emotionalen Bereich: Motivation, Konzentration, Hilfsbereitschaft, Mut, Angst, Gruppenbezug.

Für die Orientierung der Gesamtgruppe hat es sich als besonders günstig erwiesen (so es sich um eine Wiederholungsveranstaltung handelt), immer 1-2 Jugendliche mitzunehmen, die bereits Vorerfahrungen haben und mit den Örtlichkeiten vertraut sind; dieser Aspekt ist ebenfalls für die realistische Entwicklung eigener Ziele innerhalb der Gruppe von mit entscheidender Bedeutung. Als sehr gutes Betreuer-Teilnehmer-Verhältnis hat sich eine 2:6 Besetzung erwiesen.

Die Wochenplanung
Steht der Teilnehmerkreis sowie der Termin fest, sollte vor dem Elternabend eine organisatorische Planung vorgenommen werden, die sich vorrangig an den Voraussetzungen der Teilnehmer orientiert. Die folgenden Eckdaten haben sich für unsere Gruppen als günstig erwiesen:
- Erster Tag – Eine von den Eindrücken und Anforderungen her ansprechende Gipfelwanderung mit einer nicht allzu langen Wegstrecke (Bsp.: Leonhardtstein).
- Zweiter Tag – Eine Almwanderung ohne große Höhenunterschiede, die Freiräume für spielerische Elemente lässt (Bsp.: Königsalm).
- Dritter Tag – Der dritte oder der vierte Tag waren im Durchschnitt die Tage mit der höchsten Leistungsbereitschaft, sodass hier längere bzw. anspruchsvollere Gipfeltouren geplant werden können; abhängig von der Stimmung innerhalb der Gruppe sowie den Wetterbedingungen sollte an einem dieser beiden Tage aber auch ein „Ruhetag" eingeplant werden, der zum Relaxen, Schwimmen oder Besichtigen usw. genutzt werden kann (Bsp.: Ross- und Buchstein, Seentour o. Ä.).
- Vierter Tag – Entweder Ruhetag oder Gipfeltour (s. dritter Tag)

- Fünfter Tag – Es sollte eine Wanderung von kürzerer Länge, aber mit vielen Eindrücken durchgeführt werden (Bsp.: Partnachklamm)

Der Elternabend
Ein wesentliches Element in der Vorbereitung sollte der Elternabend, an dem die ausgewählten Jugendlichen aktiv beteiligt werden sollten, sein, denn dort gilt es, zum einen Überzeugungsarbeit zu leisten und zum anderen Vorstellungen zum geplanten Verlauf einer Wanderwoche zu vermitteln und die dazugehörigen Ziele zu beschreiben. Viele offene Fragen seitens der Eltern und der Teilnehmer können zumeist schon anhand der Planung, der Vorstellung des Wandergebiets sowie von Dias und Tagebüchern vorangegangener Projekte geklärt werden. Je eindeutiger die Zielvorstellungen formuliert und nahe gebracht werden können, desto besser werden die Teilnehmer auf das ihnen bevorstehende Erlebnis eingestimmt; dabei sollte jeder Leistungsgedanke zunächst in den Hintergrund treten und sowohl durch Zielformulierungen in der Persönlichkeits- wie Sozialförderung ersetzt werden. Beachtenswert wäre noch, dass die Planung einen solch offenen Rahmen bildet, dass sie Raum für Mitentscheidungsprozesse lässt.

7.2.3 Die Wanderausrüstung (Checkliste)

Die im Folgenden aufgeführte Checkliste bezieht sich auf eine Ausrüstung, die für eine Tageswanderung im voralpinen Bereich ausreichend und zweckmäßig ist und zudem Sicherheitsaspekte einbezieht, die in keinem Fall vernachlässigt werden sollten, da auch hier beispielsweise mit allen Wettereinflüssen gerechnet werden muss. Die Auflistung betrifft zunächst sowohl den Leiter als auch die Teilnehmer:

- Hochschaftige Wander- bzw. Trekkingschuhe.
- Teleskopwanderstöcke erleichtern auch bei leichtem Gepäck vor allem den Abstieg.
- Wandersocken (möglichst mit entsprechenden Verstärkungen/Polsterungen).
- Hose, die möglichst viel Bewegungsfreiheit lässt; optimal sind Wanderhosen, die sich per Reißverschluss verkürzen bzw. verlängern lassen (bessere Anpassung an unterschiedliche Wetterbedingungen).
- Unterhemd, T-shirt, Pullover, Fleece – mehrere Schichten, die sich auch im Rucksack unterbringen lassen, ermöglichen eine flexible Handhabung bei wechselnden Wetterbedingungen (schweißtreibender Aufstieg mit anschließendem kalten Wind am Gipfel).
- Sonnenbrille – zum Schutz der Augen bei gleißender Sonne unerlässlich.

- Kopfbedeckung – entweder zur Wärmung oder zum Schutz.
- Rucksack, der sich am besten über eine flexibles Einstellungssystem gut an seinen Träger anpassen lässt.

So weit zu den allgemeinen Ausrüstungsgegenständen, die für alle gelten sollten. Der Inhalt des Rucksacks und weiterer, mitzuführender Gegenstände unterscheidet sich in einigen Punkten.

Im Rucksack der Teilnehmer sollte sich in jedem Fall befinden:

- Schriftlicher Hinweis auf Unterkunft usw.
- Trinkflasche (1 l oder mehr).
- Proviant bzw. Lunchpaket.
- Fleece/Pullover/Hemd.
- Regenumhang/regendichte Kleidung.

Im Rucksack des Leiters sollte sich in jedem Fall befinden:

- Gegenstände zur persönlichen Versorgung wie bei Teilnehmern.
- Zusätzliches Trinken.
- Zusatzverstärker: Müsliriegel o.ä.
- Erste-Hilfe-Set.
- Notfalltrillerpfeife.
- Wanderkarte, -führer.
- Kompass.
- Sonnencreme.
- Mückenschutz.
- Hilfsseil.
- Handy.
- Wichtige Telefonnummern (Bergwacht).
- Geld und wichtige Papiere.

7.2.4 Die Durchführung und die Nachbereitung – das Tagebuch „Die Maxi-Kraxler 2000"

Um möglichst nahe an der Praxis zu bleiben, wird in diesem Teil exemplarisch ein konkretes Projekt vorgestellt, indem zugleich eine Möglichkeit der reflektierenden Nachbereitung aufgezeigt wird. Während der Wanderwochen habe ich über gezielte Fragestellungen, die für alle Teilnehmer gleich sind, ein Tagebuch erstellt, in dem alle Aussagen zusammengefasst sind. Anhand der spontanen Beantwortungen kann der Leiter zum einen gezielt ablesen, wie der jeweilige Teilnehmer die Wanderung erlebt hat und zum anderen hat der Einzelne die Möglichkeit, über die Rückschau zu eigenen Vorstellungen zu gelangen. Im Anschluss an einen gemeinsamen Dia Abend mit Teilnehmern und Eltern erhält jeder sein persönliches Tagebuch mit Fotos und den Aussagen aller Beteiligten. Um einen Eindruck zu geben, sind zu den jeweiligen Tagesaktionen, die in Symbolen und Worten zusammengefasst sind, die Aussagen zweier Teilnehmer nachgestellt.

Sonntag, 20.8.2000

Abfahrt: 8.10 Uhr vom Parkplatz „Altbau" in Nordkirchen.

Ankunft: 16.30 Uhr an der Jugendherberge Kreuth-Scharling.

Wetter: warm bis schwül.

Fahrtverlauf: Gespannte Redseligkeit mit gelegentlichen Zwischenfragen: „Wann sind wir da? Wie lange noch?"

Für die Tagebücher unserer Teilnehmer wurde die jeweilige Tageszusammenfassung in Hinsicht auf die alpinen Daten zusätzlich in Piktogrammform dargestellt, um einen schnellen und einheitlichen Überblick zu bekommen. Die Zeichen erklären sich wie folgt und kehren so an jedem beschriebenen Tag wieder:

Talort mit Höhenangabe

Wegverlauf und Wandercharakter

Tagesziel mit Höhenangabe

Tourenlänge

Wetterbedingungen

Benötigte Zeit

Montag, 21.8.2000

8.00 Uhr Frühstück

Kreuth, 780m ü. n. N.

Breiter Waldweg; später felsiger Gipfelsteig

Leonhardtstein, 1449m ü. n. N.

Ca. 8 km

Schwül-warm, aber wolkenfrei

9.05 - 15.05 Uhr

Frage:	Antwort:
1. Wie hieß der Berg?	**Simone:** „Irgendwas mit Stein." **Kai:** „Leonhardtstein."
2. Wie war der Wanderverlauf?	**Simone:** „Da waren ganz viel Steine. Rutschig war`s. Das Gipfelkreuz von unten gesehen, das war ganz klein. Hoch klettern wegen riesengroßer Steine. Tannen waren da auch. Am Gipfel war`s hoch und schön. Berge waren da noch zu sehen und ein Schwimmbad. Steil wieder runter." **Kai:** „Das Klettern auf den Steinen. Schöne viele Berge. Der war `n bisschen zu hoch. Das Runtergucken war gefährlich. Runtergehen war richtig schön. Bäche haben wir noch gesehen."
3. Was war das Schönste?	**Simone:** „Wo wir oben waren und das Kreuz anfassen konnten." **Kai:** „Hoch und runter; die Autos und Häuser waren wie Spielzeuge von ganz oben."
4. Was war das Ätzendste?	**Simone:** „Das Runtergehen." **Kai:** „Die lockeren Steine."
5. Hattest du Angst?	**Simone:** „Nö, `n bisschen vielleicht." **Kai:** „`n bisschen, weil man ganz oben runter fallen konnte."

Abb. 38: Die Gruppe beim „Einlaufen".

Abb. 39: Gipfeleinstieg mit Klettereinlage.

Abb. 40: Der Gipfel ist erreicht.

Dienstag, 22.8.2000

8.00 Uhr Frühstück

Wildbad Kreuth,
780m ü. n. N.

Breite Waldwege; mäßige Steigung;
Große Almwiesen; gemütliche Hütte.

Königsalm, Geisalm

Ca. 9 km

Kühl bis warm, bedeckt

9.20 - 15.20 Uhr

Frage:	Antwort:
1. Wie hieß der Berg?	**Mario:** „Königsberger Alpen." **Jacki:** „Weiß nich` mehr."
2. Wie war der Wanderverlauf?	**Mario:** „Hoch gegangen bis Schotterweg. Bei der Rast war `ne Hütte. Da waren Katzen. Ein Wasserfall. Füße ins Wasser getan. Steine reingeworfen. Bis zum Bus noch gewandert."  **Jacki:** „Da sind wie viel berg hoch gegangen. Kühe und Pferde gesehen. Hab` zwei Babykatzen gesehen. Hab` was getrunken und den Bauer gesehen. Auf dem Rückweg waren viel Steine und Wurzeln. Da waren wir mit den Füßen im Wasser und haben Steine reingeschmissen."
3. Was war das Schönste?	**Mario:** „Die Aussicht." **Jacki:** „Im Wasser mit den Füßen und wo ich die Katzen gestreichelt hab`."
4. Was war das Ätzendste?	**Mario:** „Die Unruhe." **Jacki:** „Die Wurzeln und die Steine."
5. Hattest du Angst?	**Mario:** „Nö." **Jacki:** „Nö."

Abb. 41: Buckelwiesen und Almlandschaft.

Abb. 42: Begegnung von Mensch und Tier.

Mittwoch, 23.8.2000

8.00 Uhr Frühstück

Parkplatz Bayerwald, 852 m ü. n. N.

Schmale, steile Waldsteige; felsiger, steiler Bergsteig.

Tegernseer Hütte, 1600 ü. n. N.

Ca. 10,5 km

Sonnig-klar mit super Fernsicht

9.30 - 17.30 Uhr

Frage:	Antwort:
1. Wie hieß der Berg?	**Jacki:** „Tegernseer Hütte." **Mario:** „Tegernseer Hütte."
2 Wie war der Wanderverlauf?	**Jacki:** „Lange Wurzeln. Hoher, steiler Weg. Da kamen hohe Steine und ein Baum, wo man sich festhalten musste. Ein oder zwei Treppen. Viele Kurven. Da war die Hütte über uns und Schnee konnte man sehen. Nachher waren die Steine so rutschig. Endlich auf der Hütte, da war`s schön.   Wo wir zurückgegangen sind, ging`s immer runter und hoch. Viele Steine, langer Weg." **Mario:** „War steinig. An der Waldgrenze Pause gemacht. Da Berge gesehen. Nach Drehkreuz war`s steinig.   Bis nach ganz oben gegangen.   Auf Hütte gegessen und getrunken.   Da war`s schön, könnten ruhig länger da oben bleiben. Dann wieder los nach unten. Der Rückweg ging so, war schön und schlecht."
3. Was war das Schönste?	**Jacki:** „ An der Hütte." **Mario:** „Auf der Tegernseer Hütte zu sein."
4. Was war das Ätzendste?	**Jacki:** „Die Steine waren so rutschig." **Mario.** „Nix."
5. Hattest du Angst?	**Jacki:** „Ging so, an den Steinen." **Mario:** „Nä."

Abb. 43: Die Gruppe geht in vorgegebener Ordnung.

Abb. 44: Welch ein Ausblick auf den Gipfel.

Abb. 45: Bis hierhin und nicht weiter, die Tegernseer Hütte

Donnerstag, 24.8.2000

„Der große Ruhetag"

7.30 Uhr	Wecken
8.00 Uhr	Frühstück
9.20 Uhr	Abfahrt
10.00 Uhr	Bad Tölz – Stadtbummel
11.30 Uhr	Kochelsee und anschließende Umrundung des Walchensees
13.30 Uhr	Wasserspiele im Jachen
16.00 Uhr	Brotzeit im Gasthof „Bayerwald"
18.00 Uhr	Abendessen

Abb. 46 u. 47: Ab ins kühle Nass.

Freitag, 25.8.2000

8.00 Uhr Frühstück

Tegernsee-Bahnhof, Waldsteige und Almwege;
780m ü. n. N. schmaler Gipfelsteig.

Baumgartenschneid, 1449m ü. n. N. Ca. 11 km

Sonnig-klar, gute Fernsicht 9.05 - 15.05 Uhr

Frage:	Antwort:
1. Wie hieß der Berg?	**Jacki:** „Bin doch nich` mit rauf." **Kai:** „Baum ..."
2. Wie war der Wanderverlauf?	**Jacki:** „Da waren Steine. Da kam auch ein Wald. Eine Brücke und Stufen. Einen Frosch gesehen. Dann ein bisschen bergab, Wanderung abgebrochen wegen Bauchschmerzen." **Kai:** „Nich`so viele Steine. Bäume. Große Wiesen, die heißen Almen. In der Wirtschaft Spezi getrunken. Dann kamen da Steinwege. Auf schmalen Wegen zum Berg. Da war`s rutschig. Einmal Weg nich`gesehen und geradeaus Gegangen. Auf einem Felsen waren wir. Dann guter Rückweg."
3. Was war das Schönste?	**Jacki:** „Wo wir Eis gegessen haben und die Stadt." **Kai:** „Im Wald wandern."
4. Was war das Ätzendste?	**Jacki:** „Dass ich nich` oben war." **Kai:** „Als ich die Kuh aufgescheucht hab` und die war gar nich` zahm."
5. Hattest du Angst?	**Jacki:** „Nä." **Kai:** „`n bisschen am Berg."

Abb. 48: Den Schliersee fest im Blick.

Abb. 49: Durchquerung eines schlammigen Hochtals.

Abb. 50: ... über Stock und über Stein.

Samstag, 26.8.2000
Und Tschüssssss

7.45 Uhr	Frühstück
9.15 Uhr	Abfahrt von der Jugendherberge in Kreuth-Scharling
17.30 Uhr	Ankunft am Parkplatz „Altbau" in Nordkirchen
Wetter:	So weit so gut.

Fahrtverlauf: Müde Redseligkeit mit länger andauernden Pausen und Hinweisen auf zu erzählende erlebnisanghäufte Abenteuerlichkeiten der vergangenen Woche!!!

Anhang

Literaturverzeichnis

Adolph, H. (1983). Freizeitsportorientierung auch für Behinderte? - Didaktische Überlegungen zu einem Freizeitkonzept mit Behinderten. In K. Moegling (Hrsg.), *Wer hat Angst vorm Freizeitsport? Alternativen zum herkömmlichen Sportunterricht* (S. 91-101). Kassel.

Anschlag, D. (1992). Über Angst sprechen. *Sportpädagogik, 16* (5), 44-48.

Anstötz, C. (1987). *Grundriß der Geistigbehindertenpädagogik.* Berlin.

Antes, W. (1993). Erlebnispädagogik. Fundierte Methode oder aktuelle Mode? In Jugendstiftung Baden-Württemberg (Hrsg.), *Erlebnispädagogik* (S.11-24). Münster.

Bach, H. (1995). *Geistigbehindertenpädagogik.* Berlin.

Balster, K. (1993). Die gehen ja über Tische und Stühle. *Sportpädagogik, 17* (4), 36-37.

Balz, E. (1993). *Erlebnispädagogik in der Schule. Schulleben, Schulsport, Schullandheim.* Lüneburg.

Bauregger, H. (1997). *Das große Alpenwanderbuch.* München.

Bauregger, H. (1998). *Bayerische Hausberge.* Augsburg.

Bayerisches Landesvermessungsamt (2001). *Bayern Süd - Amtliche Topographische Karten auf CD-Rom.* München.

Berghold, F. (1988). *Sicheres Bergsteigen.* München.

Berner, R. & Seitz, U. (1997). Kletter-Event in Orpierre (Südfrankreich). *Zeitschrift für Erlebnispädagogik, 3,* 58-75.

Berner, R. & Gruhler, S. (1995). Erlebnisorientierte Maßnahmen im Rahmen der Hilfen zur Erziehung. *Zeitschrift für Erlebnispädagogik, 9,* 22-44.

Brütsch, U., Gäumann, U. & Herger, H. (1989). Grundelemente der Erlebnispädagogik. *Zeitschrift für Erlebnispädagogik, 9,* 1-9.

Deutscher Alpenverein (Hrsg.). (1996a). *Alpin-Lehrplan Band 1 - Bergwandern/Trekking.* München.

Deutscher Alpenverein (Hrsg.). (1996b). *Klettern. Ein Sport fürs ganze Leben.* Ingolstadt.

Deutscher Alpenverein (Hrsg.). (1997). *Fachlehrplan für den Differenzierten Sportunterricht Sportklettern (Muster) in Bayern.* München.

Deutscher Bildungsrat (1973). *Empfehlungen der Bildungskommission zur pädagogischen Förderung behinderter und von Behinderung bedrohter Kinder und Jugendlicher.* Bonn.

Dordel, S. (1993). *Bewegungsförderung in der Schule.* Dortmund.

Eggert, D. (1997). *Von den Stärken ausgehen – Individuelle Entwicklungspläne in der Lernförderungsdiagnostik.* Dortmund.

Eggert, D. & Luig, E.-M. (1994). Gemeinsames Segeln von behinderten und nichtbehinderten Menschen. *Motorik 17* (2), 46-52.

Faltermeier, L. (1984). *Sport macht lebendiger.* Bonn.

Glowacz, S. & Pohl, W. (1996). *Richtig Freiklettern.* München.

Güllich, W. & Kubin, A. (1987): *Sportklettern heute – Technik, Taktik, Training.* München.

Günter, H. D. (1994). Erlebnispädagogik und Sonderschule. Langjährige Erfahrungen mit der Realisierung einer pädagogischen Idee. *Zeitschrift für Erlebnispädagogik, 14*, 3-35.

Guilford, J. P. (1964). *Persönlichkeit.* Weinheim.

Haas, P. (1987). *Fördern durch Fordern.* Dortmund.

Hackforth, D. & Schwenkmezger, P. (1980). *Angst und Angstkontrolle im Sport.* Köln.

Hackforth, D. & Schwenkmezger, P. (1982): Psychologische Aspekte zur Angst im Sportunterricht. *Sportunterricht, 31* (11), 409-419.

Hahn, K. (1958). *Erziehung zur Verantwortung.* Stuttgart.

Hansen, G. (1990). *Die Persönlichkeit des behinderten Kindes im Vergleich zur Persönlichkeit des nichtbehinderten Kindes.* Frankfurt/Main.

Heckmair, B. & Michl, W. (1998). *Erleben und Lernen. Einstieg in die Erlebnispädagogik.* Neuwied.

Höfler, H. (1997). *Wanderungen in Oberbayern.* Augsburg.

Hoffmann, M. & Pohl, W. (1996). *Alpin-Lehrplan Band 2. Felsklettern, Sportklettern.* München.

Höser, T. & Böhmer, H. (1995). Lernen in der Senkrechten. *Zeitschrift für Erlebnispädagogik, 8*, 22- 61.

Hufenus, H. (1993). Erlebnispädagogik – Grundlagen. In F. Herzog, (Hrsg.), *Erlebnispädagogik – Schlagwort oder Konzept?* (S. 85-99). Biel.

Hutt, M. L. & Gibby, R. G. (1976). *The mentally retarded child. Development, education and treatment.* Boston, London, Sydney.

Irmischer, T. (1980). *Motopädagogik bei geistig Behinderten.* Schorndorf.

Irmischer, T. (1981). Spezifische Aspekte einer Methodik der Bewegungserziehung mit geistig Behinderten. In S. Grössing (Hrsg.), *Bewegungserziehung und Sportunterricht mit geistig behinderten Kindern und Jugendlichen* (S. 168-170). Bad Homburg.

Irmischer, T. (1998). Bewegungserziehung. *Geistige Behinderung, 37* (3), 21-33.

Irmischer, T. & Fischer, K. (1989). *Psychomotorik in der Entwicklung*. Schorndorf.

Kapustin, P. (1983). Sport mit geistig behinderten Kindern, Jugendlichen und Erwachsenen. Zur Begründung und Entwicklung. *Geistige Behinderung, 22* (2), 97-107.

Kiphard, E. J. (1981). Elementare Motopädagogik Geistigbehinderter – Persönlichkeitserziehung durch Bewegung. In S. Grössing (Hrsg.), *Bewegungserziehung und Sportunterricht mit geistig behinderten Kindern und Jugendlichen* (S. 142-167). Bad Homburg.

Klein, P. (1999). Klettern in der Schule. *Zeitschrift für Sportpraxis, 2*, 48-51.

Klupsch-Sahlmann, R. (1992). Zum Phänomen „Angst". *Sportpädagogik, 16*, 7-16.

Koch, J. (1994). Abenteuer und Risiko als pädagogische Kategorie. *Sportpädagogik, 18*, 23-37.

Kölsch, H. & Wagner, F.-J. (1998). *Erlebnispädagogik in Aktion. Lernen im Handlungsfeld Natur*. Neuwied.

Krauss, L. & Schwiersch, M. (1996). *Die Sprache der Berge: Handbuch der alpinen Erlebnispädagogik*. Alling.

Krombholz, H. (1995). Klettern im Kindesalter. *Zeitschrift für Erlebnispädagogik, 15*, 17-29.

Kronbichler, E. & Funke-Wieneke, J. (1993). Klettern in bewegungspädagogischer Sicht. *Sportpädagogik, 17* (4), 13-19.

Krohne, H.W. (1996). *Angst und Angstbewältigung*. Stuttgart, Berlin, Köln.

Kultusminister NRW (1980a). *Richtlinien. Schule für Geistigbehinderte*. Frechen.

Kultusminister NRW (1980b). *Richtlinien Sport. Band 1*. Frechen.

Kümin, M. & Müller, C. (1993). Didaktische und methodische Überlegungen für das Klettern in der Schule. *Sporterziehung in der Schule, 2*, 15-16.

Meyer, H. (1987). *Unterrichtsmethoden. Bd II: Praxisband*. Frankfurt/Main.

Michl, W. (1996). Leben gewinnen – Von wahren Risiken und riskanten Wahrheiten. In Michl, W. & Riehl, J. (Hrsg.), *Leben gewinnen* (S. 21-43). Alling.

Miessler, M., Bauer, I. & Thalmeier, K. (1987). *Das bin ich. Beiträge zu einer persönlichkeitsorientierten Erziehung* (4. Auflage). Bonn.

Mühl, H. (1997). *Einführung in die Schulpädagogik bei geistiger Behinderung*. Oldenburg.

Neumann, P. (1993). Sportklettern – Wettkampfklettern. *Sportpädagogik, 17* (4), 7-10.

Ostenrieder, M. (1994). *Erleben – lernen – kooperieren: Innovativ durch erfolgreiches Miteinander.* Fachhochschulschrift. München.
Pankotsch, H. (1990). *Bergsport - Klettern im Mittel und Hochgebirge.* Berlin.
Paschel, B. & Scheel, D. (1983). Der Kampf gegen die Schwere und das Spiel mit der Leichtigkeit. In A. H. Trebels (Hrsg.), *Spielen und Bewegen an Geräten* (S. 94-105). Reinbek.
Pekrun, R. (1988). *Emotion, Motivation und Persönlichkeit.* München, Weinheim.
Reiners, A. (1993). *Praktische, Erlebnispädagogik.* Augsburg.
Reiners, A. (1995). *Erlebnis und Pädagogik.* München.
Rieder, H. (1992). Erlebnispädagogik – Reflexion, Beispiele, Möglichkeiten. *Praxis der Psychomotorik, 17* (1), 11-15.
Riffler, B. (1994). *Leichte Bergwanderungen zwischen Berchtesgarden und Allgäu.* München.
RV-Verlag (Hrsg.). *Wanderkarten im Maßstab 1:30000.*
Sack, H. G. (1982). Sport und Persönlichkeit. In A. Thomas (Hrsg.), *Sportpsychologie. Ein Handbuch in Schlüsselbegriffen* (S. 145-159). München.
Schädle-Schardt, W. (1993). *Klettern. Verhalten und Erleben.* Aachen.
Schädle-Schardt, W. u. a. (1995). *Handbuch für das Bergwandern, Klettersteiggehen und Klettern.* Aachen.
Schilling, F. (1980). Was leistet das Konzept der Erziehung durch Bewegung für die Persönlichkeitsentwicklung geistig Behinderter? In Kultusminister NRW (Hrsg.), *Materialien zum Sport in NRW. Bd. 1: Sport mit Geistigbehinderten* (S. 7-35). Köln.
Schilling, F. (1981). Die Bedeutung der Motorik für die Entwicklungsförderung der Geistigbehinderten. In Deutscher Sportbund (Hrsg.), *Sport für geistig behinderte Kinder* (S. 106-118). Frankfurt/Main.
Schilling, F. (1986, 1. Aufl.; 1990, 2. Aufl.). Motopädagogik und Persönlichkeitsentwicklung bei geistig Behinderten. In Bundesvereinigung Lebenshilfe für geistig Behinderte e.V. (Hrsg.), *Sport geistig Behinderter. Ergänzbares Handbuch* (S. 11-15). Marburg.
Schmied, J. & Schweinheim, F. (1996). *Sportklettern. Lehrbuch und Ratgeber für Anfänger und Fortgeschrittene sowie Lehrpersonen an Schulen und Vereinen.* München.
Schubert, P. (1995). *Sicherheit und Risiko in Fels und Eis.* München.
Speck, O. (1993). *Menschen mit geistiger Behinderung und ihre Erziehung: Ein heilpädagogisches Lehrbuch.* München.
Speck, O. (1995). Hindernisse überwinden – Erlebnisorientiertes Lernen in der Sonderpädagogik. In B. Heckmair, W. Michl, W. & F. Walser (Hrsg.),

Wiederentdeckung der Wirklichkeit – Erlebnis im gesellschaftlichen Diskurs und in der pädagogischen Praxis (S. 130-150). Alling.

Stückl, P. & Sojer, G. (1996). *Bergsteigen. Lehrbuch und Ratgeber für alle Formen des Bergsteigens.* München.

Theunissen, G. (1994). Erlebnispädagogik für Menschen mit geistiger Behinderung. Zu den Grundzügen eines „neuen" pädagogischen-therapeutischen Konzepts. *Geistige Behinderung, 33* (1), 32-42.

Theunissen, G. (1995). *Pädagogik bei geistiger Behinderung und Verhaltensauffälligkeiten – Ein Kompendium für die Praxis.* Bad Heilbrunn.

Theunissen, G. & Plaute, W. (1995). *Empowerment und Heilpädagogik. Ein Lehrbuch.* Freiburg im Breisgau.

Treeß, H., Treeß, U. & Möller, M. (1990). *Soziale Kommunikation und Integration.* Dortmund.

Wagner, F. J. (1995). Begrenzungen gemeinsam überwinden. Erlebnispädagogik mit behinderten Menschen. In Kölsch, H. (Hrsg.), *Wege moderner Erlebnispädagogik* (306-323). München.

Wilken, T. (1994). Abenteuer und ökologische Verantwortung. *Sportpädagogik, 18* (5), 38-41.

Witzel, R. (1998). Klettern als Schulsport. *Sportunterricht, 4* (47), 132-140.

Worm, H.-L. (1995). *Reparaturwerkstatt Schule.* Lüneburg.

Ziegenspeck, J. (1992). *Erlebnispädagogik – Rückblick, Bestandsaufnahme, Ausblick.* Lüneburg.

Zimmer, R. (1996). *Motorik und Persönlichkeitsentwicklung bei Kindern* (2. Aufl.). Schorndorf.

Die Autoren

Buchkonzept/Redaktion/Textbeiträge
Holger Boecker, geb. 1962; seit 1993 als Sonderschullehrer an der Maximilian-Kolbe-Schule Nordkirchen (Schule für Geistig- und Körperbehinderte) tätig; Schwerpunktfach Sport; Weiterbildung im Bereich Erlebnispädagogik; Projektangebote im Klettern und Bergwandern seit mehreren Jahren; langjährige Eigenerfahrung in beiden Bereichen; Fortbildungsangebote im Bereich erlebnisorientierter Unterricht; verheiratet, drei Kinder.

Text-/Fotobeiträge
Franz Luthe, geb. 1955; nach dem Abitur Studium für das Lehramt Grund- und Hauptschule in den Fächern Deutsch und Geschichte; 1979 zweites Staatsexamen; 1980-1982 freier Fotograf für die Westf. Rundschau mit anschließendem Fotovolontariat; seit 1985 Fotoredakteur bei der WR Dortmund; fotografische Schwerpunkte sind Lokales, (Industrie-)Reportagen, Kultur und Tierfotografie; verheiratet, zwei Kinder.

Kati Kordas, geb. 1975; als Sonderschullehrerin an der Wilhelm-Busch-Förderschule Mülheim/Ruhr tätig; Studium der Sonderpädagogik in Dortmund mit Fach Sport; seit mehreren Jahren begeisterte Sportkletterin; Schwerpunkt ihrer Arbeit ist neben dem Fachunterricht die Anleitung zu einer aktiven Freizeitgestaltung.

Claudia Lücking, geb. 1972, nach dem Abitur Studium der Sonderpädagogik mit Fach Sport; parallel Arbeit beim familienunterstützenden Dienst Dortmund; während des Referendariats Teilnahme an verschiedenen Kletterprojekten der Schule und Verfassen der Staatsarbeit „Auf zum Kletter-Max!"; seit 2000 Sonderschullehrerin an der Paul-Dohrmann-Schule (LB, EZ) Waltrop; Organisation und Durchführung mehrerer Kletterprojekte im Rahmen von Sportwochen

Carsten Brück, geb. 1972; nach dem Abitur Studium der Sonderpädagogik mit Fach Sport; erste Staatsarbeit zum Thema „Klettern mit geistig behinderten Kindern und Jugendlichen als erlebnispädagogische Fördermaßnahme"; Zusatzqualifikation in den Bereichen Psychomotorik und Sportförderunterricht; mittlerweile als Sonderschullehrer an der Schule Günterstal (GB) in Freiburg tätig.

Checkliste für Kletterfähigkeiten

Name	....	....	....	....	....	....
Allgemeine sportliche Fähigkeiten:						
Kraft						
• Handkraft						
• Armkraft						
• Fußkraft						
• Beinkraft						
• Rückenkraft						
Beweglichkeit						
• der Arme						
• der Beine						
Koordinative Fähigkeiten:						
Orientierungsfähigkeit						
• Wahrnehmen von Markierungen und Hindernissen						
• Wahrnehmung von Griffmöglichkeiten						
• Wahrnehmung von Trittmöglichkeiten						
• Einhalten von Richtungen						
Reaktionsfähigkeit						
• Auf Kommandos vom Sichernden						
• Auf Griffmöglichkeiten						
• Auf Trittmöglichkeiten						
Gleichgewichtsfähigkeit						
• Statisches Gleichgewicht						
• Dynamisches Gleichgewicht						
• Beim Abseilen						
Rhythmusfähigkeit						
• Angemessenes Bewegungstempo						
• Angemessener Wechsel von langsamen und schnellen Bewegungen						

Sportmotorisches Selbstbewusstsein:					
Anstrengungsbereitschaft					
• Bei bekannten Aufgaben					
• Bei neuen Aufgaben					
• Bei einfachen Aufgaben					
• Bei schwierigen Aufgaben					
Realist. Selbsteinschätzung in Bezug auf die Routenwahl					
• Mit Unterstützung					
• Ohne Unterstützung					
Mut/Risikobereitschaft					
• An der Boulderwand					
• An der Reha-Wand					
• In einfachen Routen					
• In schwierigeren Routen					
Eigeninitiative					
• Bezüglich selbstständiger Kletterversuche					
• Bezüglich der individuellen Aufgabenbewältigung					
Fähigkeiten im Bereich der Wahrnehmung:					
Visuelle Wahrnehmung					
• Im Nahbereich					
• Im Fernbereich					
• Auge-Hand-Koordination					
• Auge-Fuß-Koordination					
Taktile Wahrnehmung					
• Erfühlen der Griffe mit den Händen					
• Erfühlen der Tritte mit den Füßen					
Propriozeptive Wahrnehmung					
• Aus den Armen					
• Aus den Beinen					
• Angemessener Krafteinsatz					
• Ökonomische Bewegungen					

Sportartspezifische Fähigkeiten:					
Bouldern • An geneigten Wänden • An senkrechten Wänden • Im Überhang					
Quergang • An geneigten Wänden • An senkrechten Wänden • Mit Überkreuzen der Beine					
Steigtechnik • An geneigten Wänden • An senkrechten Wänden • Angemessener Wechsel von Arm- und Beineinsatz • Verlagerung des KSP* • Einsatz kleiner Schritte • Griffhaltung vor dem Körper • Einhalten der Drei-Punkt-Regel • Formschluss					
Reibungstechnik • An geneigten Wänden • An senkrechten Wänden • KSP über der Trittfläche • Antreten mit dem Vorderfuß • Armeinsatz nur zum Erhalt des Gleichgewichts • Formschluss					
Gegendrucktechnik • KSP hinter der Trittfläche • Zugarbeit der Arme (gestreckte Arme) • Druckarbeit der Beine • Sinnvoller Abstand zwischen Armen und Beinen • Übergreifen der Arme					

Eindrehtechnik • Seitliche Körperhaltung • Hohe Körperspannung • Durchstrecken des Standbeines						
Spreiztechnik • Spreizen der Beine • KSP über der Standfläche • Senken des KSP • Seitliches Stützen der Arme • Lösen der Arme möglich • Formschluss						
Stemmtechnik • Großflächiges Anlegen des Rückens und der Arme • Aufbau des Gegendrucks durch die Beine • Hochdrücken des Körpers durch Gegendruck						
Stürzen/Abseilen • Kontrolliertes Stürzen • Kontrolliertes Abdrücken von der Wand • Aufrechte Haltung • Leichtes Spreizen der Beine • Hände am Seil						

*KSP = Körperschwerpunkt

Die Spalten sind für sechs Teilnehmer vorgesehen und können mit Zeichen, wie z. B. *, **, *** versehen werden, wobei die Zeichen folgende Bedeutung haben:

* = noch nicht ausgebildet
** = ansatzweise ausgebildet
*** = gut ausgebildet

Dem Nutzer bleibt eine weitere Ausdifferenzierung überlassen.

Bei mehrmaliger Nutzung lässt sich eine Entwicklung sehr gut ablesen und der entsprechende Förderbedarf daraus entwickeln, um die Inhalte daran zu orientieren.

Checkliste für bergwanderrelevante Fähigkeiten

Name					
Physischer Bereich:					
• Ausdauer • Koordination • Gleichgewicht • Trittsicherheit • Belastbarkeit					
Sozial emotionaler Bereich:					
• Motivation • Selbstüberwindung („innerer Schweinehund") • Durchhaltevermögen • Konzentration • Hilfsbereitschaft • Hilfe annehmen • Hilfe geben • Mut • Angst • Gruppenbezug • Einordnen • Unterordnen • Überordnen					

Zeichenverwendung siehe S. 182.

Behinderte machen Sport

- Ergänzung zum Angebot des Behinderten-Sportverbandes NW
- Hilfestellungen für Übungsleiter

Bisher erschienene Titel der Reihe:

- Spiel & Sport für alle (Band 1)
- Chancen der Integration durch Sport (Band 2)
- Spiele für den Herz- & Alterssport (Band 3)
- Sport bei peripherer arterieller Verschlusskrankheit (Band 4)
- Multiple Sklerose & Sport (Band 5)
- Sport als Erlebnis & Begegnung (Band 6)
- Morbus Parkinson (Band 7)
- Behindertensport in den Medien (Band 8)
- Bewegung & Sport bei schwer- & mehrfach behinderten Menschen (Band 9)
- Die psychomotorische Idee (Band 10)
- Facetten des Sports behinderter Menschen (Band 11)
- Mehr Spiele für den Herz- und Alterssport (Band 12)
- Klettern und Bergwandern (Band 13)
- Morbus Parkinson (Video 1)
- Mobil bleiben – aktiv sein! (Video 2)

Möchten Sie noch mehr Informationen über unseren Verlag oder zu weiteren Büchern?

▶ Besuchen Sie uns online:
www.m-m-sports.com

Gerne senden wir Ihnen auch unsere Kataloge zu.

Für Fragen und Bestellungen steht Ihnen unsere **Hotline** zur Verfügung.

▶ Wählen Sie einfach: **01 80 - 5 10 11 15**
(0,24 DM pro Minute)

Wir freuen uns auf Ihren Anruf!

MEYER & MEYER Verlag | Von-Coels-Straße 390 | D-52080 Aachen | Fax ++49 (0)2 41- 9 58 10-